essentials

Essentials liefern aktuelles Wissen in konzentrierter Form. Die Essenz dessen, worauf es als „State-of-the-Art" in der gegenwärtigen Fachdiskussion oder in der Praxis ankommt. *Essentials* informieren schnell, unkompliziert und verständlich

- als Einführung in ein aktuelles Thema aus Ihrem Fachgebiet
- als Einstieg in ein für Sie noch unbekanntes Themenfeld
- als Einblick, um zum Thema mitreden zu können

Die Bücher in elektronischer und gedruckter Form bringen das Fachwissen von Springerautor*innen kompakt zur Darstellung. Sie sind besonders für die Nutzung als eBook auf Tablet-PCs, eBook-Readern und Smartphones geeignet. *Essentials* sind Wissensbausteine aus den Wirtschafts-, Sozial- und Geisteswissenschaften, aus Technik und Naturwissenschaften sowie aus Medizin, Psychologie und Gesundheitsberufen. Von renommierten Autor*innen aller Springer-Verlagsmarken.

Jana Möglich

E-Sport Business: Strategien, Modelle und Trends

Ein kompakter Überblick über Strukturen, Geschäftsmodelle und Herausforderungen

Jana Möglich (iD)
Medienwissenschaft
Europa-Universität Flensburg und Hochschule für Angewandte Wissenschaften Kiel
Schönkirchen, Deutschland

ISSN 2197-6708 ISSN 2197-6716 (electronic)
essentials
ISBN 978-3-658-51139-5 ISBN 978-3-658-51140-1 (eBook)
https://doi.org/10.1007/978-3-658-51140-1

Die Deutsche Nationalbibliothek verzeichnet diese Publikation in der Deutschen Nationalbibliografie; detaillierte bibliografische Daten sind im Internet über https://portal.dnb.de abrufbar.

Planung/Lektorat: Carina Zimmermann
Springer Gabler ist ein Imprint der eingetragenen Gesellschaft Springer Fachmedien Wiesbaden GmbH und ist ein Teil von Springer Nature.
Die Anschrift der Gesellschaft ist: Abraham-Lincoln-Str. 46, 65189 Wiesbaden, Germany

Was Sie in diesem *essential* finden können

- Einen kompakten Überblick über die Akteure, Strukturen und Geschäftsmodelle im E-Sport
- Aktuelle Marktkennzahlen, Wachstumsprognosen und wirtschaftliche Entwicklungen der Branche
- Die Besonderheiten des E-Sport-Arbeitsmarktes und der Beschäftigungsstrukturen
- Herausforderungen in den Bereichen Nachhaltigkeit, Diversität und soziale Verantwortung
- Perspektiven zu Digitalisierung, Innovation und der Zukunft des E-Sports als Wirtschaftsfaktor

Vorwort

Der E-Sport ist längst kein Nischensegment für Enthusiastinnen und Enthusiasten mehr. Mit einem globalen Marktvolumen von etwa 2 Mrd. US-Dollar im Jahr 2024 und je nach Studie prognostizierten 7–10 Mrd. US-Dollar bis 2030/33 hat sich das Phänomen zu einem wirtschaftlich relevanten Faktor der digitalen Unterhaltungsindustrie entwickelt. In Deutschland ist dieser Wandel besonders evident: Mit 160 Mio. Euro Jahresumsatz im Jahr 2024 ist die Bundesrepublik der größte E-Sport-Markt der Europäischen Union. Die politische Anerkennung von E-Sport als gemeinnützige Tätigkeit im September 2025 markiert einen Wendepunkt – nicht nur für die wirtschaftliche, sondern auch für die gesellschaftliche Legitimation des Phänomens.

Trotz dieser positiven Entwicklungen besteht Orientierungsbedarf. Die E-Sport-Branche ist komplex: Sie vereinigt diverse Akteure von globalen Publishern über professionelle Teams bis hin zu Streaming-Plattformen, hat heterogene Geschäftsmodelle entwickelt und steht vor vielfältigen Herausforderungen – von Einkommensunsicherheit im Arbeitsmarkt über fehlende soziale Absicherung bis hin zu Fragen der Nachhaltigkeit und Diversität. Gleichzeitig bietet E-Sport erhebliche gesellschaftliche Chancen, unter anderem Inklusion unabhängig von physischen Voraussetzungen, Förderung digitaler Kompetenzen und internationale Verständigung.

Dieses Essential adressiert diese Komplexität durch eine wirtschaftswissenschaftliche Perspektive. Es richtet sich an Studierende, Lehrende, Praktikerinnen und Praktiker sowie Entscheidungsträgerinnen und Entscheidungsträger in Wirtschaft, Wissenschaft und Verwaltung, die ein fundiertes Verständnis der ökonomischen Strukturen, Geschäftsmodelle und Herausforderungen dieser dynamischen Branche erlangen möchten.

Die Darstellung verfolgt zwei Ziele: Erstens werden wirtschaftliche Zusammenhänge verständlich und systematisch aufbereitet. Zweitens wird aufgezeigt, wie sich E-Sport von einem Phänomen zu einem globalen Wirtschaftszweig entwickelt hat und welche Chancen sowie Risiken damit verbunden sind. Dabei wird besondere Aufmerksamkeit auf die deutsche Perspektive gelegt, ohne den globalen Kontext aus dem Blick zu verlieren.

E-Sport steht an einem entscheidenden Punkt: Die Phase des spekulativen Wachstums weicht einer Phase der Konsolidierung und Professionalisierung. Wie die Branche diese Transformation bewältigt – ob es gelingt, nachhaltiges Wachstum mit sozialer Verantwortung zu verbinden – wird nicht nur die wirtschaftliche Zukunft des E-Sports bestimmen, sondern auch seinen Status als akzeptierter Bestandteil der globalen Unterhaltungs- und Sportlandschaft.

Jana Möglich

Interessenskonflikt Der/die Autor*in hat keine relevanten Interessenskonflikte im Zusammenhang mit dieser Publikation.

Inhaltsverzeichnis

Einleitung 1

E-Sport hat sich innerhalb weniger Jahrzehnte von einem Nischenphänomen zu einem globalen Wirtschaftszweig mit Milliardenumsätzen entwickelt. Was in den 1970er-Jahren mit Highscore-Listen und ersten Arcade-Turnieren als Vorstufe des modernen E-Sports begann, ist heute eine professionalisierte Industrie, die Millionen von Menschen weltweit fasziniert und beschäftigt. Der globale E-Sport-Markt erreichte 2024 ein Volumen von über 2 Mrd. US-Dollar und wird bis 2033 auf etwa 10 Mrd. US-Dollar prognostiziert (Grand View Research, 2024a; IMARC Group, 2024). Diese Entwicklung macht E-Sport zu einem der am schnellsten wachsenden Segmente der digitalen Unterhaltungsindustrie.

Deutschland nimmt dabei eine bedeutende Position ein: Mit einem Umsatz von 160 Mio. Euro im Jahr 2024 ist die Bundesrepublik der größte E-Sport-Markt in der Europäischen Union (PwC, 2025a, S. 107), gefolgt von Großbritannien und Frankreich (ebd. S. 102; PwC, 2025b). Die wachsende wirtschaftliche Bedeutung spiegelt sich auch in politischen Entwicklungen wider. Im September 2025 beschloss das Bundeskabinett die Anerkennung von E-Sport als gemeinnützige Tätigkeit, wodurch E-Sport-Vereine ab Januar 2026 unter anderem Steuervorteile und öffentliche Förderungen ähnlich traditionellen Sportvereinen erhalten können (Rahm, 2025). Diese Maßnahme soll unter anderem faires Spielverhalten bzw. „Fair Play" fördern, Jugendschutz unterstützen und einen gesunden Umgang mit digitalen Medien anregen.

Die historische Entwicklung zeigt beeindruckende Meilensteine: Das erste dokumentierte E-Sport-Turnier fand 1972 an der *Stanford University* statt, wo Studierende im Spiel *Spacewar!* um ein Jahresabonnement der Zeitschrift *Rolling Stone* konkurrierten (Guinness World Records, o. J.).

© Der/die Autor(en), exklusiv lizenziert an Springer Fachmedien Wiesbaden GmbH, ein Teil von Springer Nature 2026
J. Möglich, *E-Sport Business: Strategien, Modelle und Trends*, essentials, https://doi.org/10.1007/978-3-658-51140-1_1

Einen technologischen Durchbruch markierten in den 90ern digitale Spiele wie *Doom* (1993) und insbesondere *Quake* (1996), deren Netzwerkfähigkeit den Weg für LAN-Partys ebnete und die Basis für erste professionelle Strukturen mit der Gründung der *Cyberathlete Professional League* (CPL) 1997 schuf. Parallel dazu entwickelte sich das Echtzeitstrategiespiel *StarCraft* (1998; Nachfolger und E-Sport-Urtitel *StarCraft II* folgte 2010) speziell in Südkorea als Geburtsstätte des modernen E-Sports zum medialen Massenphänomen und etablierte den E-Sport erstmals als fernsehtauglichen Zuschauersport. Mit zunehmender Popularität und Reichweitenstärke gründeten sich international immer mehr professionelle Clans und Verbandsstrukturen wie die der *Korean e-Sports Association* (KeSPA, gegründet 2000), die den E-Sport geprägt haben und teilweise heute noch erfolgreich im E-Sport aktiv sind (vgl. unter anderem seit 1997 *SK Gaming* in Deutschland). Der spätere Aufstieg der MOBA-Genre-Vertreter (MOBA = Multiplayer Online Battle Arena) *League of Legends* (2009) und *Dota 2* (2013) verfestigte schließlich das heute dominierende Free-to-Play-Modell (= Spiele sind kostenfrei verfügbar), das globale Massenmärkte erschloss.

Die 2000er- und 2010er-Jahre brachten zudem die Etablierung von Streaming-Plattformen wie *Twitch* (2011) und die Professionalisierung durch spielehersteller- bzw. publishergesteuerte Ligen. Heute erreichen große E-Sport-Events Zuschauerzahlen, die mit denen traditioneller Sportgroßveranstaltungen vergleichbar sind.

Fazit

E-Sport ist längst mehr als digitales Spielen – er ist ein relevanter Wirtschaftsfaktor mit globaler Reichweite. Die Professionalisierung der Branche, politische Anerkennung und wachsenden Marktvolumina unterstreichen die Bedeutung einer systematischen wirtschaftswissenschaftlichen Auseinandersetzung mit diesem Phänomen.

2.1 Definition und Abgrenzung von E-Sport

▶ E-Sport bezeichnet den organisierten „Wettkampf zwischen Menschen auf der virtuellen Ebene eines Computerspiels" (ESBD, o. J.a). Im Unterschied zum allgemeinen Spielen von digitalen Spielen bzw. „Gaming", das primär der Unterhaltung dient, steht beim E-Sport der Leistungsvergleich im Vordergrund. Zentrale Merkmale sind demnach die Wettbewerbsorientierung, feste Regelwerke, organisierte Strukturen sowie die Abhängigkeit von menschlicher Leistung statt von Zufall oder künstlicher Intelligenz.

Die Abgrenzung zu anderen digitalen Spielformen ist wichtig: Während (Casual) Gaming ohne kompetitiven Anspruch stattfindet, bezeichnet „E-Sport" (= elektronischer Sport, alternativ auch „Competitive Gaming") ausschließlich wettkampfbasierte Aktivitäten mit messbarem Leistungsvergleich.

Das E-Sport-Ökosystem umfasst dabei eine Vielzahl verschiedener Disziplinen bzw.und Titel, die sich in Spielmechanik, Genre und Wettbewerbsformat bis hin zu ihren individuellen Ökosystemen unterscheiden – von Echtzeit-Strategiespielen wie *StarCraft II* und MOBAs wie *League of Legends* über Taktik-Shooter wie *Counter-Strike 2* und *Valorant* bis hin zu Kampfspielen und Sportsimulatoren. Diese Diversität an E-Sport-Titeln bildet das Fundament der globalen Wettkampflandschaft und Community.

Der *Deutsche Olympische Sportbund* (DOSB) unterscheidet zudem zwischen virtuellen Sportartensimulationen wie *FIFA* bzw. seit 2022 *EA SPORTS FC* oder *NBA 2K,* die reale Sportarten digital abbilden, und allen anderen Titeln, die der

Verband als „eGaming" bezeichnet (DOSB, 2021). Diese Differenzierung ist für die rechtliche und gesellschaftliche Anerkennung und letztlich die gelebte Praxis in Sportvereinen, die sich in Richtung Gaming und E-Sport öffnen, relevant.

▶ E-Sport muss durch Menschen ausgeführt werden, beinhaltet Wettkampf als Leistungsvergleich und basiert immer auf einem Computerspiel als Grundlage.

2.2   Wichtige Akteure

Das E-Sport-Ökosystem ist komplex und umfasst verschiedene Akteursgruppen, die in enger Wechselbeziehung stehen.

Publisher und Spieleentwickler*innen nehmen eine zentrale Rolle ein, da sie die geistigen Eigentumsrechte (Intellectual Property/IP) an den E-Sport-Titeln besitzen. Zu den wichtigsten Publishern gehören unter anderem:

- **Riot Games** (z. B. League of Legends, Valorant, League of Legends: Wild Rift, Teamfight Tactics)
- **Valve Corporation** (z. B. Counter-Strike-Reihe, Dota 2)
- **Activision Blizzard** (z. B. Call of Duty-Reihe, Overwatch, Hearthstone)
- **Electronic Arts** (z. B. FIFA−/EA SPORTS FC-Reihe, Apex Legends)
- **Epic Games** (z. B. Fortnite, Rocket League (ehem. Psyonix))

Diese Publisher kontrollieren nicht nur die Spielentwicklung, sondern auch wesentliche Aspekte des kompetitiven Ökosystems wie Serverunterstützung, Turniersysteme, Lizenzierungen und Regeländerungen. Die Macht der Publisher unterscheidet E-Sport demnach fundamental von traditionellen Sportarten, in denen niemand die Sportart selbst „besitzt" (Leroux-Parra, 2020).

Professionelle Teams und Organisationen wie *Team Liquid, FaZe Clan, TSM, Cloud9* und *100 Thieves* beschäftigen professionelle Spielerinnen und Spieler und entwickeln zunehmend hybride Geschäftsmodelle, die E-Sport mit Lifestyle-Branding verbinden. *Team Liquid* beispielsweise hat seit seiner Gründung im Jahr 2000 über 56 Mio. US-Dollar an Preisgeldern gewonnen – die höchste Summe in der E-Sport-Geschichte (Esports Earnings, o. J.a). *FaZe Clan* hingegen positioniert sich wie immer mehr E-Sport-Organisationen als Lifestyle-Marke durch Kooperationen mit Musiker´*innen und Modemarken (Knight, 2022; Joseph, 2021; Post aus LA, 2019). Diese Diversifikation reduziert die Abhängigkeit von Turniererfolgen und erschließt neue Einnahmequellen.

Ligen und Turnierveranstalter*innen organisieren Wettbewerbe auf verschiedenen Leistungsniveaus. Die *ESL FACEIT Group* (EFG; Fusion aus ehemals *Electronic Sports League/ESL* bzw. *ESL Gaming* und *FACEIT*), in Deutschland gegründet im Jahr 2000, gehört zu den weltweit führenden Turnierorganisator*innen und veranstaltet internationale Formate wie die *Intel Extreme Masters* (EFG, o. J.). Die organisatorischen Modelle von E-Sport-Turnierveranstaltungen variieren erheblich: *Riot Games* kontrolliert zentral die *League of Legends Championship Series* als Franchise-Liga, während Publisher *Valve* bei *Dota 2* und der *Counter-Strike-Reihe* historisch Drittanbietern mehr Spielraum ließ. Diese Unterschiede haben signifikante wirtschaftliche Auswirkungen auf die Verteilung von Einnahmen und Risiken.

Professionelle Spielerinnen und Spieler stehen im Zentrum des Wettbewerbs. *Johan „n0tail" Sundstein (Dota 2)* hat mit über 7 Mio. US-Dollar bisher die höchsten Preisgelder in der E-Sport-Geschichte erzielt (Esports Earnings, o. J.b). *Lee „Faker" Sang-hyeok* gilt als einer der besten *League of Legends*-Spieler aller Zeiten und wird gemeinhin als der „Michael Jordan des E-Sports" bezeichnet (Erzberger, 2016; Esguerra, 2022). Das Training professioneller Athletinnen und Athleten ist hochintensiv und kann unter Einbeziehung von Strategieanalysen und Team Meetings bis zu 12 Stunden täglich umfassen (Kari et al., 2019). Moderne Trainingskonzepte sind ganzheitlich aufgestellt und integrieren dabei zunehmend Elemente wie gezieltes körperliches Fitnesstraining und mentales Coaching, etwa um Bewegungsausgleich zu schaffen und kognitiver Ermüdung entgegenzuwirken (Manci et al., 2024). Trotz dieser Professionalisierung sind die Karrieren im Vergleich zum traditionellen Sport oft kurz; viele Profis beenden ihre aktive Laufbahn bereits mit einem Alter von Mitte bis Ende 20 Jahren (Kang et al., 2025; Zhao & Lin, 2024).

Streaming-Plattformen wie *Twitch* (Release 2011; seit 2014 zu *Amazon* gehörig), *YouTube Gaming* und *Kick* (seit 2022 neuer Player am Markt, der schnell an Relevanz gewinnt) sind zentrale Distributionskanäle. *Twitch* bleibt mit 54 % Marktanteil und 4,64 Mrd. Stunden Watchtime im Q2 2025 führend, während *YouTube Gaming* mit 2,2 Mrd. Stunden und 23 % Marktanteil und *Kick* mit 1 Mrd. Stunden und einem Rekordwachstum von 112 % ebenfalls als starke Player am Markt agieren (Alexander, 2025). Die Plattformen ermöglichen sowohl die Live-Übertragung von Turnieren als auch individuellen Content von Spielerinnen, Spielern und Influencern, die per Live-Chat mit den Zuschauenden interagieren und sich so eine breite, aktive Community aufbauen können.

Sponsor*innen und Investor*innen kommen sowohl aus der Gaming-Branche selbst (endemische Sponsoren wie *Intel, HP, Alienware*) als auch aus branchenfremden Bereichen (nicht-endemische Sponsoren wie *Mercedes-Benz, DHL,*

Coca-Cola). Die Integration nicht-endemischer Marken demonstriert die wachsende Mainstream-Akzeptanz von E-Sport (Freitas et al., 2020, S. 496, 498). Unternehmen wie *DHL* nutzen E-Sport-Sponsoring explizit für Imagebuilding in Verbindung mit der Arbeitgebermarke bzw. „Employer Branding" und die Rekrutierung junger, technikaffiner Fachkräfte (DHL InMotion, o. J.).

Besonders auffällig ist das zunehmende Engagement Saudi-Arabiens, das durch die staatliche *Savvy Games Group* (SGG) die *ESL FACEIT Group* (EFG) 2022 für 1,5 Mrd. US-Dollar übernahm (EFG, 2022), den *Esports World Cup* (EWC) in Riad mit 60 Mio. US-Dollar Prize Pool 2024/25 lancierte (Saudipedia, 2025) und *NEOM* als E-Sport-Hub aufbaut (NEOM, 2019) – Initiativen, die die Saudi Vision 2030 vorantreiben, aber Kritik als Sportswashing provozieren (Sportswashing = Nutzung von Sportinvestitionen zur Verbesserung des internationalen Images, in diesem Fall etwa trotz Menschenrechtskritik; Klimentov, 2025).

2.3   Struktur der Branche

Die E-Sport-Branche strukturiert sich ähnlich wie traditionelle Sportarten in verschiedene Leistungsebenen: Den professionellen, kommerzialisierten E-Sport auf Leistungssport-Niveau in der Spitze, den semi-professionellen E-Sport im Mittelfeld und darunter den Amateur-E-Sport auf Breitensportebene.

Professioneller E-Sport umfasst Organisationen und Teams, die gewinnorientiert arbeiten, Spielerinnen und Spieler anstellen und an internationalen Wettbewerben teilnehmen. Die Finanzierung erfolgt vorrangig durch Sponsoring, Werbung (Streaming), Medienrechte, Ticketverkäufe und Verbrauchererlöse durch Battle-Pässe bzw. Battle Passes, also digitale Produkte mit exklusiven In-Game-Inhalten (PwC, 2025a, S. 107). Diese Ebene ist hochgradig professionalisiert mit Gehältern, die bei Top-Teams jährlich sechsstellige Beträge erreichen können.

Semi-professioneller E-Sport kennzeichnet sich durch kleinere Organisationen, in denen die Spielerinnen und Spieler verschiedenartige Unterstützung wie Equipment oder Reisekostenübernahmen erhalten und teils bereits als Nebenverdienst E-Sport betreiben.

Amateur- bzw. Breitensport-E-Sport bildet die Basis der Pyramide. In Deutschland wächst dieser zumeist gemeinnützig orientierte Bereich durch zunehmende regionale Vereinsstrukturen und öffentliche Förderung stetig.

Verbände und Organisationen wie die *Korean e-Sports Association* (KeSPA, gegründet 2000) oder die *British Esports Federation* (gegründet 2016) vertreten die Interessen der E-Sport-Community gegenüber Politik, Medien und traditionellem Sport. Sie setzen sich unter anderem für Anerkennung, Standardisierung, Talentförderung und Professionalisierung ein. So auch beim *E-Sport-Bund Deutschland* (ESBD, gegründet 2017), der eine Verbesserung der Rahmenbedingungen durch „den politischen und gesellschaftlichen Dialog" erreichen möchte und die Gründung von E-Sport-Landesverbänden in den einzelnen Bundesländern ausdrücklich unterstützt (ESBD, o. J.b).

In Deutschland versuchte sich der *ESBD* an der Förderung des Amateur-E-Sports, indem er 2019 eine Amateur-Liga für vereinsregistrierte Breitensport-Teams in vier Disziplinen startete: *Counter-Strike: Global Offensive, StarCraft II, Rocket League* und *League of Legends* (Heidenreich et al., 2022, S. 7). Diese Strukturen orientierten sich bewusst an traditionellen Sportverbänden, um Legitimität zu gewinnen; aktuelle *ESBD*-Webseiten listen die Vereinsliga (auch als *„Vereinspokal"* bekannt) jedoch inzwischen nicht mehr als laufendes Format auf, was auf ein Auslaufen um 2021/2022 hindeutet.

Zentrale Akteure im E-Sport-Ökosystem
(Siehe Tab. 2.1).

Tab. 2.1 Übersicht zentraler Akteure im E-Sport-Ökosystem. (Eigene Darstellung)

Akteursgruppe	Funktion	Beispiele
Publisher	Entwicklung und Besitz der Spiele, IP-Rechte, Lizenzierung; agieren zunehmend auch als Turnierveranstalter (s. u.)	*Riot Games, Valve, Activision Blizzard, EA, Epic Games*
Teams/ Organisationen	Beschäftigung von Spielerinnen und Spielern, Wettbewerbsteilnahme, Markenwert	*Team Liquid, FaZe Clan, TSM, Cloud9, 100 Thieves*
Turnierveranstalter	Organisation von Wettbewerben, Event-Management	*ESL FACEIT Group, Blast*
Spielerinnen und Spieler	Sportliche Leistung, Content-Erstellung	*n0tail, Faker, Scarlett*
Streaming-Plattformen	Content-Distribution, Live-Übertragungen	*Twitch, YouTube Gaming, Kick*
Sponsoren	Finanzierung, Marketing, Markenpartnerschaften	*Intel, DHL, Mercedes-Benz, Red Bull*
Verbände	Interessensvertretung, Standardisierung	*E-Sport-Bund Deutschland, Korean e-Sports Association, International Esports Federation*

Fazit

Das E-Sport-Ökosystem ist durch eine Vielzahl voneinander abhängiger Akteure gekennzeichnet. Die besondere Rolle der Publisher als IP-Rechteinhaber unterscheidet E-Sport fundamental von traditionellen Sportarten und schafft spezifische wirtschaftliche Machtstrukturen. Die Professionalisierung auf allen Ebenen – vom Breitensport bis zum professionellen Bereich – schreitet kontinuierlich voran.

Geschäftsmodelle und Wertschöpfungsketten

3

3.1 Einnahmequellen

Die Einnahmestruktur im E-Sport hat sich in den vergangenen Jahren diversifiziert. Nach Daten von *Newzoo* (2022) verteilen sich die globalen Umsätze wie folgt:

Sponsoring bleibt mit etwa 61 % die wichtigste Einnahmequelle. E-Sport-Teams *wie Team Liquid* oder *FaZe Clan* generieren den Großteil ihrer Einnahmen durch Sponsoringverträge mit Technologieunternehmen, Lifestyle-Marken und branchenfremden Konzernen. Der Wert liegt in der Reichweite: Die größten E-Sport-Events erreichen Millionen von Zuschauerinnen und Zuschauern weltweit. So verfolgten 2022 die *League of Legends World Championship („Worlds")* Finals 5,1 Mio. Menschen gleichzeitig (Esports Charts, 2022). E-Sport-Fans zeigen dabei höhere Markenloyalität als Anhängerinnen und Anhänger traditioneller Sportarten. Eine Studie von *YouGovPLC* (2020, S. 3) ergab, dass 74 % der E-Sport-Fans Event-Sponsoren bemerken, verglichen mit nur 58 % bei Fußballfans. Zudem gaben 53 % der deutschen E-Sport-Fans an, Produkte von Sponsoren zu kaufen, während dies nur 31 % der Fußballfans taten. Diese Zahlen unterstreichen den Wert von E-Sport-Sponsoring für Marken.

Medienrechte gewinnen zunehmend an Bedeutung und repräsentieren 7,8 % der Einnahmen. Publisher und Ligen verkaufen Übertragungsrechte an Streaming-Plattformen und traditionelle Medien. Im Jahr 2020 zahlte *YouTube/Google* 160 Mio. US-Dollar für die dreijährigen Übertragungsrechte der *Activision Blizzard* E-Sport-Ligen (*Call of Duty League, Overwatch League;* Perez, 2020). Dieser Bereich zeigt das stärkste Wachstumspotenzial, da E-Sport zunehmend in

© Der/die Autor(en), exklusiv lizenziert an Springer Fachmedien Wiesbaden GmbH, ein Teil von Springer Nature 2026
J. Möglich, *E-Sport Business: Strategien, Modelle und Trends*, essentials,
https://doi.org/10.1007/978-3-658-51140-1_3

Mainstream-Medien integriert wird und sich von der dominierenden Abhängigkeit vom Sponsoring löst.

Publisher-Gebühren (3,3 %) entstehen, wenn Publisher eigene Ligen organisieren oder Teilnahmegebühren für offizielle Wettbewerbe erheben. *Riot Games* beispielsweise organisiert die *League of Legends World Championship* vollständig selbst und kontrolliert alle damit verbundenen Einnahmen (Leaguepedia, 2022). Während initiale Franchise-Gebühren bei 10 Mio. US-Dollar starteten (Khan, 2017), stiegen die Preise für spätere Slots oder in anderen Ligen wie der *Call of Duty League* auf 25 Mio. US-Dollar (Wolf, 2019a). Markttransaktionen für bestehende Slots, wie der Verkauf des *Echo Fox*-Startplatzes in der nordamerikanischen *League Championship Series* (LCS), erreichten sogar Bewertungen von bis zu 33 Mio. US-Dollar (Wolf, 2019b).

Merchandise und Tickets (7,8 %) umfassen physische und digitale Produkte. Teams verkaufen Trikots, Gaming-Peripherie, Lifestyle-Produkte und Skins (= kosmetische Inhalte im Spiel). Bei Live-Events generieren Ticketverkäufe zusätzliche Einnahmen. Die *IEM Katowice* 2019 galt lange als eines der meistbesuchten Events mit 174.000 kumulierten Besucherinnen und Besucher über zwei Wochenenden (ESL, 2019). Inzwischen werden solche Zahlen vor allem durch Stadion-Events in Asien herausgefordert, wie etwa das Finale der *Honor of Kings King Pro League* (KPL) 2025 mit über 62.000 Vor-Ort-Zuschauerinnen und -Zuschauer bei einem einzigen Match (Sayal, 2025). Mit 335.000 Besucherinnen und Besucher im Jahr 2024 ist die *gamescom* das weltweit größte Event für Computer- und Videospiele und bietet als hybrides Gaming-Festival auch zahlreichen E-Sport-Turnieren eine Bühne (Koelnmesse, 2024).

Weitere kleinere Einnahmequellen umfassen **digitale Güter** (In-Game-Käufe, Battle Passes), **Streaming-Einnahmen** individueller Spielerinnen und Spieler (Abonnements, Donations bzw. Spenden, Werbung) sowie **Bildungsangebote** und **Fan-Loyalitätsprogramme**.

Einnahmequellen eines Top-Teams

Team Liquid (gegründet 2000) generiert Einnahmen aus (Alienware & Team Liquid, o. J.; Esports Earnings, o. J.a; Jones, 2024; Riot Games, 2017; Team Liquid, o. J.a; Team Liquid, o. J.b):

- **Sponsoring:** Langfristige Partnerschaften unter anderem mit *Alienware* (Namensrechte für Trainingszentren bzw. -facilitys im Wert von mehreren Mio. US-Dollar), *Monster Energy, SAP*
- **Preisgelder:** Über 56 Mio. US-Dollar kumuliert seit Gründung (höchste Summe weltweit)
- **Merchandise:** Online-Shop mit Team-Trikots, Gaming-Equipment, Lifestyle-Produkten
- **Content/Streaming:** *YouTube*-Kanal, *Twitch*-Präsenzen der Spielerinnen und Spieler
- **Lizenzierung:** Teilnahme und damit Umsatzbeteiligung an Franchise-basierten Ligen wie der *League of Legends Championship Series* ◄

3.2   Vergleich mit traditionellen Sportarten

E-Sport weist strukturelle Ähnlichkeiten zu traditionellen Sportarten auf, unterscheidet sich jedoch in wesentlichen Aspekten.

Gemeinsamkeiten umfassen professionelle Teamstrukturen, organisierte Ligen und Turniere, Sponsoring-Modelle, Medienrechte-Vermarktung und Fan--Engagement. Beide Bereiche generieren Einnahmen durch Ticketverkäufe, Merchandise und Übertragungsrechte (ESBD, 2025, S. 3; Schudey et al., 2023). Die Marketing-Strategien ähneln sich zunehmend, insbesondere im Bereich Social Media und Influencer-Kooperationen.

Gewisse Unterschiede sind jedoch signifikant. Der Wichtigste: Im E-Sport besitzen Publisher die geistigen Eigentumsrechte an den Spielen, während traditionelle Sportarten gemeinfrei sind. Niemand „besitzt" Basketball oder Fußball, aber *Riot Games* kontrolliert *League of Legends* vollständig (Leroux-Parra, 2020). Dies gibt Publishern erhebliche Macht über Regeländerungen, Turniersysteme, Lizenzierungen und sogar über die Existenz professioneller Szenen. Publisher können Spiele einstellen oder grundlegend verändern, was Investitionen von Teams und Veranstaltern gefährdet.

Die Medienrechte-Bewertung im E-Sport liegt deutlich unter traditionellem Sport. Während die englische *Premier League* Medienrechte für mehrere Mrd. Pfund pro Saison verkauft, erreichen E-Sport-Deals typischerweise zweistellige Millionenbeträge (BBC Sport, 2023; Di Lanni et al., 2021, S. 5). Allerdings wächst dieser Markt rasant und zeigt Aufholpotenzial. Zudem erschließt das Konzept des Co-Streaming, bei dem ausgewählte Content Creator exklusive Übertragungsrechte erhalten, im E-Sport weitere Reichweitenpotenziale (Almadani, 2023), die dem stark regulierten Sportübertragungsmarkt verwehrt bleiben.

Fragmentierung kennzeichnet den E-Sport-Markt: Statt einer dominierenden Liga existieren zahlreiche Titel und Publisher mit unterschiedlichen Ökosystemen. Dies verhindert aktuell die Entwicklung einheitlicher Medienrechte-Strukturen, wie sie im traditionellen Sport existieren (Di Lanni et al., 2021, S. 3, 6). Ein Fußballfan kann verschiedene Ligen verfolgen, aber die Grundregeln bleiben gleich. Im E-Sport sind *League of Legends, Counter-Strike* und *Dota 2* völlig unterschiedliche Produkte.

Die Altersstruktur der Fans unterscheidet sich ebenfalls. E-Sport-Konsumentinnen und Konsumenten sind im Durchschnitt jünger: größte Altersgruppe unter „Esports Viewers" stellen 2024 die Millennials – 29 bis 43 Jahre – mit 41 %, gefolgt von Gen Z – 16 bis 28 Jahre – mit 33 % (Deloitte, 2024, S. 9). Außerdem sind sie meist technikaffin: Sie konsumieren Inhalte bevorzugt über digitale Streaming-Plattformen und gelten als Early Adopters neuer Technologien (Nielsen, 2022). Schließlich verfügen sie häufig über überdurchschnittliche Bildung (Soffner et al., 2024, S. 7) und Einkommen (Ludwig et al., 2022; Newzoo, 2022, S. 32–33). In Gänze ist diese Zielgruppe für Werbetreibende besonders attraktiv, da sie schwer über traditionelle Medien erreichbar ist („the unreachables").

3.3   Innovative Ansätze

E-Sport nutzt die digitale Natur seines Mediums teils für innovative Projekte und Geschäftsmodelle.

Vorrangig Community-finanzierte Preispools sind etwa bei *Dota 2* etabliert. Hier fließen Einnahmen des *Dota 2* Battle Pass in den Preispool von *The International. 2021* erreichte dieser so 40 Mio. US-Dollar – der höchste Preispool in der E-Sport-Geschichte (Esports Earnings, o. J.c; Liquipedia, 2025).

Derlei Modelle binden die Community direkt in die Finanzierung ein und schaffen eine emotionale Verbindung: Fans investieren nicht nur als passive Konsumentinnen und Konsumenten, sondern als aktive Mitgestalterinnen und Mitgestalter des Events. Allerdings markierte das Jahr 2023 eine Zäsur: *Valve* strukturierte das Finanzierungsmodell um und reduzierte die monetarisierbaren Inhalte zugunsten regelmäßigerer Spiel-Updates. Dies führte zu einem massiven Einbruch des Preispools, der 2024 auf unter 3 Mio. US-Dollar fiel – ein Rückgang von über 90 % gegenüber dem Rekordwert (ebd.). Das Beispiel verdeutlicht die Volatilität crowd-finanzierter Modelle und deren Abhängigkeit von der Produktstrategie des Publishers.

NFTs und Blockchain – also auf der Blockchain-Technologie basierende, nicht austauschbare digitale Token, die einzigartiges Eigentum an virtuellen Gütern oder Sammlerstücken verifizieren sollen – wurden zeitweise als Zukunft diskutiert, stießen jedoch auf erheblichen Widerstand. *Valve* blockierte 2021 alle Blockchain-Spiele auf seiner Plattform *Steam,* was die Entwicklung in diesem Bereich bremste (Fletcher zitiert in Pontes, 2024; Clark, 2021). Die Debatte um digitale Eigentumsrechte an In-Game-Items bleibt jedoch relevant, insbesondere bezüglich der Monetarisierung virtueller Güter und der Übertragbarkeit zwischen Plattformen.

Hybride Lifestyle-Marken entwickeln Teams wie *FaZe Clan* und *100 Thieves.* Sie kombinieren E-Sport-Performance mit Content-Erstellung, Streetwear-Kollektionen und Influencer-Marketing (Knight, 2022). Ein Best Practice-Beispiel aus Deutschland stellt E-Sport-Organisation *Eintracht Spandau* dar: *Eintracht Spandau* verkörpert diesen hybriden Ansatz greifbar durch eigene Streetwear-Kollektionen, regelmäßige Content-Formate wie YouTube-Videos und Streams sowie eine lebendige Klubkultur mit Community-Events und Fan-Treffen. Diese Diversifikation von Einnahmequellen reduziert die traditionell stark ausgeprägte Abhängigkeit von Sponsorengeldern, ebenso wie von Turniererfolgen und erschließt potenziell neue Zielgruppen jenseits der Core-Gaming-Community. Die Teams fungieren als Lifestyle-Brands mit eigenen Modelinien, Podcasts und Entertainment-Content.

Auch digitale Treueprogramme, Trainingsprodukte und Educational Content gewinnen an Bedeutung (Newzoo, 2022, S. 18–20). Prominente Beispiele für diese Strategie sind das Jugendförderprogramm *Training Grounds* von *Cloud9,* das Gaming-Skills mit pädagogischen Inhalten verknüpfte (Cloud9, 2020), sowie die Performance-Kampagne *The Extra Mile* von *Fnatic.* Letztere integrierte E-Sport-Training in die App von *Freeletics* – einem führenden Anbieter für KI-basiertes, physisches Bodyweight-Training – und erschloss damit die Zielgruppe der fitnessbewussten Gamer (Gardner, 2021). Dieser Bereich verbindet wirtschaftliche Interessen mit Talentförderung und Breitensportentwicklung

Fazit

Die Geschäftsmodelle im E-Sport sind vielfältig und innovativ. Während Sponsoring weiterhin dominiert, gewinnen Medienrechte und andere Einnahmequellen zunehmend an Bedeutung. Die digitale Natur ermöglicht einzigartige Ansätze wie Community-Finanzierung, die in traditionellen Sportarten nicht umsetzbar sind. Die Kontrolle der Publisher über die IP-Rechte bleibt jedoch eine strukturelle Besonderheit mit weitreichenden wirtschaftlichen Konsequenzen.

Wirtschaftliche Kennzahlen und Marktentwicklung

4

4.1 Marktvolumen und Wachstumsraten

Der globale E-Sport-Markt zeigt beeindruckendes Wachstum. Von etwa 2 Mrd. US-Dollar im Jahr 2024 wird eine Expansion je nach Studie auf 7–10 Mrd. US-Dollar bis 2030/33 prognostiziert, was einer durchschnittlichen jährlichen Wachstumsrate (CAGR) von etwa 23 bis 30 % entspricht (Grand View Research, 2024a; IMARC Group, 2024). Dieses Wachstum übertrifft viele traditionelle Unterhaltungssektoren und positioniert E-Sport als einen der dynamischsten Märkte der digitalen Wirtschaft.

Die Zuschauerzahlen entwickeln sich parallel. Die globale Esports-Viewership umfasste 2022 etwa 532 Mio. Zuschauer weltweit, mit einer Prognose auf 640 Mio. bis Ende 2025 (Wccftech, 2022). Im Jahr 2024 erreichte die globale Esports-Viewership einen Höhepunkt mit der *League of Legends World Championship,* das als meistgesehenes Event mit über 6,94 Mio. Peak-Viewern galt und damit neue Rekorde setzte (Ryu, 2024; Šimić, 2024). Diese Zahlen sind vergleichbar mit großen traditionellen Sportereignissen und unterstreichen die Massenwirksamkeit von E-Sport.

▶ **Wichtig**

Wichtige Zahlen zum E-Sport-Markt 2024 (Bojanić, 2025; Fragster Agency, 2024; Grand View Research, 2024a; Liquipedia, 2025; PwC, 2025a, S. 107; Statista, 2024, S. 8):

- **Globaler Umsatz:** Etwa 2 Mrd. US-Dollar (ohne Betting)
- **Zuschauer weltweit:** 610+ Mio.

- **Wachstumsrate:** 12,5 %
- **Höchster Preispool:** 40 Mio. US-Dollar *(Dota 2 The International 2021)*
- **Deutschland:** 160 Mio. Euro Umsatz (größter EU-Markt)
- **Haupteinnahmequelle:** Sponsoring (über 40 %)

Die COVID-19-Pandemie wirkte als Wachstumsbeschleuniger. Während traditionelle Sportveranstaltungen abgesagt wurden, konnten E-Sport-Events online stattfinden. Die Zahl der Gamerinnen und Gamer, die angaben, während der Lockdowns mehr zu spielen, stieg signifikant (YouGovPLC, 2020, S. 4–5). Viele traditionelle Sportorganisationen und Medienunternehmen entdeckten E-Sport als Content-Alternative. *Formel-1*-Fahrerinnen und -Fahrer traten in virtuellen Rennen an, Fußballvereine organisierten *FIFA*-Turniere – E-Sport wurde zum Mainstream-Phänomen.

Der Streaming-Markt als Teil des E-Sport-Ökosystems wächst ebenfalls rasant. Plattform *Twitch* generierte 2024 etwa 1,8 Mrd. US-Dollar Umsatz (Alexander, 2025). Marktstudien prognostizieren, dass der gesamte Game-Streaming-Markt von 10,85 Mrd. US-Dollar im Jahr 2024 auf 31,63 Mrd. US-Dollar bis 2033 wächst (Grand View Research, 2024b). Diese Zahlen verdeutlichen die enge Verzahnung von Gaming-Bereich und Streaming-Ökonomie.

4.2 Beschäftigungsstrukturen und Arbeitsmarkt

Der E-Sport-Arbeitsmarkt umfasst weit mehr als professionelle Spielerinnen und Spieler. Das Ökosystem bietet Beschäftigung in Bereichen wie:

- **Direkte E-Sport-Rollen:** Profispielerinnen und -spieler, Coaches, Analystinnen und Analysten, Team-Managerinnen und -Manager, Performance-Psychologinnen und -Psychologen, Ernährungsberaterinnen und -berater etc.
- **Event und Broadcast:** Turnierregie, Caster (Kommentatorinnen und Kommentatoren), Observer (Kameraführung), Technikerinnen und Techniker, Producerinnen und Producer etc.
- **Business und Marketing:** Sponsoring-Managerinnen und -Manager, Social Media Managerinnen und Manager, Content Creatorinnen und Creator, Community Managerinnen und Manager etc.
- **Recht und Administration:** Rechtsberaterinnen und -berater, Compliance Officer, Buchhalterinnen und Buchhalter, HR-Verantwortliche etc.

Die Einkommenssituation ist jedoch stark ungleich verteilt. Eine Studie von McLeod et al. (2022, S. 1279, 1289–1292) zeigt, dass der E-Sport-Arbeitsmarkt als „Engine of Inequality" fungiert: Während Top-Spielerinnen und -Spieler Millionen verdienen, liegt das Medianeinkommen der meisten Wettbewerbsteilnehmerinnen und -teilnehmer unter der US-Armutsgrenze. Die Gini-Koeffizienten für Einkommensungleichheit sind in allen großen E-Sport-Titeln gestiegen. Diese Polarisierung ähnelt anderen Branchen und stellt eine soziale Herausforderung dar.

Streaming-Einnahmen zeigen ähnliche Muster (StreamYard, 2025): Kleine Streamerinnen und Streamer (5–10 durchschnittliche Zuschauende) verdienen 50–200 US-Dollar monatlich, Streamerinnen und -Streamer mit mittleren Reichweiten (1000–10.000 Zuschauende) 5000–30.000 US-Dollar, während Top-Streamerinnen und -Streamer wie *xQc* oder *Ninja* 100.000–500.000+ US-Dollar pro Monat generieren können. Die Einnahmen stammen aus Subscriptions bzw. Abonnements (Twitch zahlt Streamerinnen und Streamern 50–70 % der 4,99 US-Dollar monatlichen Abo-Gebühr), Donations bzw. Spenden und Werbeeinnahmen (2–10 US-Dollar pro 1000 Impressions bzw. Aufrufe).

Prekarität kennzeichnet viele Beschäftigungsverhältnisse in der Branche und mündet seit 2023/24 im sogenannten „E-Sport Winter". 2024 wurden in der Gaming- und E-Sport-Industrie über 12.000 Stellen abgebaut, darunter 83 % des E-Sport-Personals bei Publisher *Activision Blizzard* (Lee, 2024); in Deutschland führte dies 2025 zur Insolvenz von *Freaks 4 U Gaming* (in Folge Einstellung der *ESL Meisterschaft* und der Community-Plattformen *Summoner's Inn* und *99Damage;* GamesWirtschaft, 2025) sowie Massenentlassungen bei *ESL FACEIT Group* (80–90 Stellen; Stewart, 2025). Derlei Entwicklungen signalisieren Konsolidierung: die Branche stabilisiert sich, doch auf Kosten von Jobs und kleinen Akteuren (ESI, 2024). Die mangelnde Gewerkschaftsorganisation und projektbasierte Arbeitsverhältnisse verstärken diese Unsicherheit (Johnson & Woodcock, 2021, S. 1360–1370). Die Karrieren sind oft kurz und bieten wenig soziale Absicherung.

Verträge der Spielerinnen und Spieler werden zunehmend professionalisiert, weisen aber oft problematische Klauseln auf. Typische Vertragsbestandteile umfassen (JDS upra, 2024; Ikigai Law, 2020):

- **Vertragslaufzeit und Exklusivität:** Meist 1–3 Jahre mit strikter Bindung an ein Team
- **Spieler-Verpflichtungen:** Turnierteilnahme, tägliche Trainingszeiten (inklusive Spielsitzungen bzw. In-Game-Training, Taktikbesprechungen und Analysen, physisches Training etc.; oft 12–15 h), Content-Erstellung, Team- und Sponsor-Events
- **Vergütung:** Grundgehalt, Win-Boni, Anteil an Preisgeldern

- **IP-Rechte:** Teams beanspruchen oft Rechte an während der Vertragslaufzeit erstelltem Content
- **Transfer-Klauseln:** „Right of First Refusal" (Team kann Angebote anderer Teams matchen), „Right of First Negotiation" (exklusives Verhandlungsrecht vor Vertragsende)
- **Verhaltenskodex:** Anti-Doping, Match-Fixing-Verbote, Wettrestriktionen

Problematisch sind oft überlange Trainingszeiten, unklare IP-Regelungen und restriktive Transfer-Klauseln, die die Mobilität der Spielerinnen und Spieler einschränken (Shmatenko, 2025). Im Gegensatz zu traditionellen Sportarten fehlen oft kollektivvertraglich ausgehandelte Mindeststandards.

Auf Geschlechterebene ist die Genderungleichheit erheblich. Nur ein Bruchteil der professionellen E-Sportler ist weiblich, obwohl Frauen etwa 48 % der Gamerinnen und Gamer allgemein ausmachen (game, 2025, S. 9). In Deutschland lag die weibliche Teilnahme im E-Sport allgemein 2024 bei nur 14,7 % (ESBD, 2025, S. 10); auf den großen E-Sport-Bühnen findet sich regulär keine einzige weibliche Person. Neben der geringfügigen Sichtbarkeit bleiben Einkommensunterschiede zwischen den erfolgreichsten Spielerinnen und dem übrigen Markt eklatant. Sexistischer Umgang, ungleiche Preisgelder und fehlende Förderstrukturen erschweren vielen den Weg an die Spitze. Zwar entstehen zunehmend spezialisierte Teams und Programme, die weibliche und nicht-binäre Talente gezielt unterstützen, doch noch ist der Schritt in die großen Ligen für viele ein weiter.

4.3   Regionale Unterschiede und globale Trends

Die E-Sport-Entwicklung variiert regional erheblich. Asien-Pazifik ist der größte und am schnellsten wachsende Markt mit 30 % des globalen Umsatzes in 2024 (IMARC Group, 2024). Südkorea gilt als Geburtsort des modernen E-Sports; dort wurde kompetitives Gaming bereits 2000 mit der Gründung der *KeSPA* und Unterstützung des Ministerium für Kultur und Tourismu offiziell als Sport anerkannt. China dominiert durch *Tencent Holdings,* den weltgrößten Gaming-Konzern mit 33 Mrd. US-Dollar Umsatz 2021, der *Riot Games* vollständig besitzt und Anteile an *Epic Games, Activision Blizzard* und *Supercell* hält (Tencent Holdings Limited, 2022). In Südkorea existiert eine ausgeprägte TV-Kultur für E-Sport – Turniere werden im Fernsehen übertragen und genießen ähnlichen Status wie traditionelle Sportarten; E-Sport-Profis werden wie Popstars gefeiert.

Nordamerika ist der zweitgrößte Markt. Die USA generierten 2024 etwa 1,78 Mrd. US-Dollar E-Sport-Umsatz, mit einer Prognose von 13,62 Mrd. US-

Dollar bis 2034 (Precedence Research, 2025). Nordamerikanische Organisationen wie *TSM* (bewertet mit 540 Mio. US-Dollar) und *FaZe Clan* prägen das globale E-Sport-Business durch innovative Geschäftsmodelle und börsenorientierte Strategien (Knight, 2022). *FaZe Clan* ging 2022 via *SPAC-Merger* an die Börse, erlebte jedoch 2023 einen signifikanten Wertverlust, was die Volatilität des Marktes illustriert (Nordland, 2023).

Europa zeigt eine heterogene Entwicklung. Deutschland ist mit 160 Mio. Euro Jahresumsatz der größte EU-Markt. Die Anerkennung als gemeinnützige Tätigkeit (beschlossen September 2025) könnte weiteres Wachstum fördern. Skandinavien und Frankreich haben ebenfalls etablierte Szenen, während Osteuropa traditionell starke Spielerinnen und Spieler, aber weniger wirtschaftliche Strukturen aufweist. Eine Herausforderung in Deutschland ist die im EU-Vergleich verzögerte politische Unterstützung – das Land liegt beim E-Sport-Umgang im unteren Drittel Europas, trotz hohen Potenzials (ISCA, 2023).

Globale Trends umfassen die zunehmende Mobile-E-Sport-Präsenz, insbesondere in Asien. Titel wie *Mobile Legends: Bang Bang, PUBG Mobile, Arena of Valor* und *Honor of Kings* führen den Markt an (ESC, 2024). Mobile E Sport hat gerIngere EInstiegshürden und erreicht auch Regionen mit weniger PC/Konsolen-Infrastruktur. Die Integration von E-Sport in Multisport-Events schreitet voran: 2022 wurden E-Sport-Titel erstmals bei den *Asian Games* als Medaillensport aufgenommen (The 19th Asian Games Hangzhou 2022 Organizing Committee, 2022). Dies stärkt die Legitimität von E-Sport im traditionellen Sportsystem. BreitEn-Sport und Grassroots-Entwicklung gEwinnEn an Bedeutung. Studien zeigen, dass Grassroots-E-Sport ein signifikantes Tool für Community-Engagement, Jugendentwicklung und lokales Wirtschaftswachstum darstellt (ISCA, 2024). In Deutschland haben Politik und traditioneller Sport diese Entwicklung bislang gebremst, doch mit der Gemeinnützigkeits-Anerkennung im September 2025 könnte sich dies ändern. Besonders auffällig ist zudem Saudi-Arabiens Aufstieg als E-Sport-Hub: Die *Savvy Games Group* investiert massiv in Gaming – unter anderem durch die Übernahme der *ESL FACEIT Group* 2022 (1,5 Mrd. US-Dollar) und die Finanzierung des in Riad ausgetragenen *Esports World Cup* (EWC) 2024 mit rund 60 Mio. US-Dollar Prize Pool, während parallel Großprojekte wie die als Gaming- und E-Sport-Hub positionierte Planstadt *NEOM* im Rahmen von „Vision 2030" aufgebaut werden (Behbehani, 2025). Dieses staatlich getriebene Ökosystem wirkt als Wachstumstreiber, steht aber wegen Menschenrechtsfragen und Sportswashing-Vorwürfen in der Kritik – exemplarisch zeigte sich dies 2020, als die *League of Legends European Championship* (LEC) nach massiven Protesten einen Sponsoring-Deal mit *NEOM* wieder zurückzog (Wolf, 2020).

Fazit

Der E-Sport-Markt wächst rasant und erreicht beeindruckende Zuschauerzahlen. Gleichzeitig weist der Arbeitsmarkt erhebliche Herausforderungen auf: Einkommensungleichheit, Prekarität und genderungleichheit erfordern dringend Lösungen.

Regionale Unterschiede spiegeln unterschiedliche Reifegrade und politische Rahmenbedingungen wider. Die Entwicklung von Grassroots-Strukturen und fairen Arbeitsbedingungen wird entscheidend für die langfristige Nachhaltigkeit der Branche sein.

Herausforderungen und Ausblick

5.1 Nachhaltigkeit und soziale Verantwortung

E-Sport steht vor erheblichen Nachhaltigkeitsherausforderungen. Obwohl der CO_2-Ausstoß die Videospielindustrie insgesamt mit etwa 81 Mio. Tonnen jährlich global unter dem traditioneller Sportarten liegt (350 Mio. Tonnen), ist der Ressourcenverbrauch signifikant (Abraham, 2023; Artemis, 2024; Ross & Fisackerly, 2023). Gaming-Hardware erfordert seltene Erden und Mineralien, Produktionsprozesse verursachen Emissionen, Rechenzentren und Streaming-Infrastruktur verbrauchen enorme Energiemengen – so verursacht bspw. eine Stunde Streaming in Europa etwa 55 g CO_2-Emissionen (The Carbon Trust, 2021, S. 8).

Elektronischer Abfall bzw. E-Waste stellt dabei ein wachsendes Problem dar. Gaming-Peripherie, Konsolen und PCs haben oft kurze Lebenszyklen, was zu einem signifikanten Anteil des weltweiten Elektroschrotts führt (Reframed, 2024). Professionelle Spielerinnen und Spieler wechseln Hardware häufig, um Wettbewerbsvorteile zu wahren. Bislang fehlen grundsätzlich branchenweite Standards – auch für nachhaltige Produktion und Recycling (Scholz & Nothelfer, 2022, S. 21, 46, 49).

Erste Initiativen entstehen: *ESL Gaming* lancierte 2021 die *#GGforAll*-Kampagne mit Schwerpunkten auf Umweltschutz, Geschlechtergerechtigkeit und sozialer Inklusion (ESL, 2021). Einzelne Turnierveranstalter kompensieren CO_2-Emissionen oder setzen auf nachhaltige Event-Logistik. Eine *YouGov*-Umfrage (2024) ergab, dass 48 % der Gamer, die bereit sind, mehr für nachhaltige Konsolen zu zahlen, bis zu 10 % zusätzlich zahlen würden. Europäische E-Sport--

Organisationen beginnen, Nachhaltigkeitsstrategien zu entwickeln, doch systematische Ansätze fehlen weitgehend.

Soziale Verantwortung umfasst mehrere Dimensionen, etwa Diversität und Inklusion: Mit nur 14,7 % weiblicher Teilnahme in Deutschland und etwa 5 % professioneller Spielerinnen weltweit besteht erheblicher Handlungsbedarf (ESBD, 2025, S. 10; Tang, 2025, S. 2). Toxisches Verhalten, Sexismus und Diskriminierung sind in Online-Communities verbreitet (Lorenz & Browning, 2020). Eine Studie der *New York Times* dokumentierte dutzende Fälle von Sexismus und Harassment im Gaming-Bereich. „All-Women-Turniere" bzw. Frauenturniere und Inklusionsinitiativen versuchen gegenzusteuern, werden aber kontrovers diskutiert – einige befürchten Segregation statt Integration. Vereinzelte, in professionelle Strukturen integrierte Women Teams wie *Cloud9*'s *White,* welches mehrere Jahre lang zu den erfolgreichsten *Valorant*-Frauenteams in Nordamerika gehörte, zeigen jedoch, dass dedizierte Förderung funktionieren kann.

Auch Jugendschutz erfordert Aufmerksamkeit. Altersfreigaben (*Unterhaltungssoftware Selbstkontrolle* bzw. *USK* in Deutschland, *Pan European Game Information* bzw. *PEGI* in Europa) müssen durchgesetzt, Mechanismen gegen Suchtverhalten etabliert und Eltern aufgeklärt werden. Die Weltgesundheitsorganisation *WHO* erkannte 2019 „Gaming Disorder" als Krankheit an. Die Anerkennung als gemeinnützige Tätigkeit in Deutschland seit Januar 2026 ist an die Erwartungshaltung geknüpft, Jugendschutz- und Fair-Play zu stärken (Bundesministerium für Forschung, Technologie und Raum, 2025). E-Sport-Vereine und andere gemeinnützig orientierte Einrichtungen sind entsprechend angehalten Präventionskonzepte zu implementieren und verantwortungsvollen Medienumgang zu fördern.

Die prekären Beschäftigungsverhältnisse und mangelnde gewerkschaftliche Organisation vieler E-Sport-Arbeitskräfte erfordern Verbesserungen. Spielerinnen- und Spieler-Vereinigungen beginnen sich zu formieren, doch einheitliche Standards fehlen (Johnson & Woodcock, 2021). Themen wie Mindestgehälter, Gesundheitsversorgung, Altersvorsorge und maximale Arbeitszeiten sind kaum reguliert. Die hohe Turnover-Rate und kurze Karrieren verschärfen die Problematik.

5.2   Digitalisierung und Innovation

E-Sport ist inhärent digital und damit Treiber technologischer Innovationen, wie nachfolgend illustriert wird.

Cloud Gaming ermöglicht hochwertige Spielerlebnisse ohne leistungsstarke lokale Hardware. Cloud-Dienste wie *NVIDIA GeForce NOW* oder *Xbox Cloud Gaming* reduzieren Einstiegshürden und könnten E-Sport demokratisieren, werfen aber Fragen zu Latenz bzw. Ping, also Verzögerung zwischen einer digitalen Aktion und ihrer Reaktion, sowie Fairness im Wettbewerb auf. Jede Millisekunde zählt im professionellen Wettbewerb – Cloud-basierte Lösungen müssen diese Anforderungen erfüllen.

Virtual Reality (VR) und Augmented Reality (AR) schaffen neue immersive Formate und damit eindrucksvolle Medienerlebnisse. VR-E-Sport-Titel wie *Echo Arena* experimentieren mit körperlicher Bewegung in virtuellen Räumen und könnten die Grenze zwischen physischem Sport und E-Sport verwischen. AR könnte Zuschauerinnen- und Zuschauer-Erlebnisse durch holografische Overlays bei Live-Events transformieren. Die Kombination von E-Sport mit Metaverse-Konzepten eröffnet neue Geschäftsmodelle und Erlebnisräume (Pontes, 2024).

Aufstrebende hybride Sportformate wie „Phygital Sports" (= physical und digital) bezeichnen Wettbewerbe, in denen digitale und physische Sportelemente systematisch verzahnt werden und der Name direkt auf diese Verschmelzung verweist. Typischerweise treten Spielende zunächst in einem digitalen Spiel und anschließend in der entsprechenden realen Sportart an, wobei die Punkte aus beiden Runden zu einem Gesamtergebnis addiert werden. Formate wie die *Phygital Sports League* (PSL) greifen dieses Konzept seit 2025 auch in Deutschland auf (Fröhlich, 2025).

Künstliche Intelligenz (KI) findet Anwendung in Trainingstools, Gegner-Analyse und Broadcast-Automation. KI-gestützte Coaching-Systeme können Gameplay analysieren und Verbesserungsvorschläge geben. Im Broadcasting automatisiert KI zunehmend Kameraführung und Highlight-Erstellung. Ethische Fragen zu KI-Einsatz im Wettbewerb (z. B. Aim-Bots, Entscheidungsunterstützung) bleiben Diskussionsthema (IESF, 2026). Die Frage, die sich stellt: Wo verläuft die Grenze zwischen legitimen Tools und Cheating?

Blockchain und Kryptowährungen wurden als Zukunftstechnologie diskutiert, fanden jedoch begrEnzte Akzeptanz. NFTs für In-Game-Items oder Fan-Engagement stießen auf Kritik bezüglich Umweltauswirkungen und Spekulationsrisiken. *Valves* Blockade von Blockchain-Spielen auf *Steam* 2021 zeigte die Ambivalenz der Branche (Fletcher zitiert in Pontes, 2024). Die Debatte um digitale Eigentumsrechte und Play-to-Earn-Modelle bleibt jedoch relevant.

5G und Edge Computing rEduziErEn LatEnzEn und ErmöglichEn nahtlose Mobile-E-Sport-Erlebnisse. Dies ist besonders für die stark wachsenden Mobile-E-Sport-Märkte in Asien relevant. 5G könnte auch Cloud Gaming zum Durchbruch verhelfen und geografische Barrieren weiter abbauen.

5.3   Chancen und Risiken für Wirtschaft und Gesellschaft

Die **wirtschaftlichen Chancen** des E-Sports sind erheblich und vielfältig. Das Potenzial erstreckt sich dabei über mehrere komplementäre Dimensionen, die sowohl direkt als auch indirekt zur Wertschöpfung beitragen.

Arbeitsplatzschaffung und Beschäftigungspotenzial bilden die unmittelbarste ökonomische Auswirkung. E-Sport generiert vielfältige Beschäftigung von hoch spezialisierten Rollen (Profispielerinnen und -spieler) bis zu transferierbaren Skills (Marketing, Event-Management, IT). Regionen wie Schleswig-Holstein, Nordrhein-Westfalen und Sachsen-Anhalt investieren in E-Sport-Infrastruktur – auch mindestens peripher zur regionalen Wirtschaftsförderung (epf, o. J.; ESBD, 2025, S. 38). Kommerzielle Locations wie *LVL World of Gaming* in Berlin oder staatlich geförderte Einrichtungen wie das *Landeszentrum für E-Sport und Digitalisierung Schleswig-Holstein* schaffen lokale Beschäftigung und ziehen Veranstaltungen an.

Eng damit verbunden ist die Bedeutung von E-Sport als Standortfaktor in der Fachkräftegewinnung. E-Sport attrahiert junge, technikaffine Fachkräfte. Unternehmen wie *DHL* nutzen E-Sport-Sponsoring explizit für Employer Branding und Rekrutierung (DHL InMotion, o. J.). In einer Zeit des Fachkräftemangels kann E-Sport-Engagement Unternehmen insbesondere für junge Generationen attraktiv machen.

Darüber hinaus fungiert E-Sport als Katalysator für Innovation und Technologietransfer. Entwicklungen in Streaming, Netzwerktechnik und User-Interfaces finden Anwendung in anderen Wirtschaftsbereichen. Live-Streaming-Technologien werden in Bildung, Telemedizin und virtuellen Konferenzen eingesetzt. Anti-Cheat-Systeme und KI-basierte Verhaltensanalysen haben Anwendungen in Cyber Security.

Ein weiterer struktureller Faktor ist die Professionalisierung durch Bildungs- und Ausbildungsangebote. E-Sport-Studiengänge (z. B. an der *Hochschule Mittweida* und der *Macromedia Hochschule*) und Ausbildungsprogramme (etwa die *E-Sport-Bund Deutschland Akademie* und die *Esports Academy NRW*) professionalisieren die Branche und schaffen Karrierewege. Diese Programme vermitteln nicht nur Game-spezifisches Wissen, sondern auch Management, Marketing und Event-Organisation.

Diesen Chancen stehen jedoch erhebliche **wirtschaftliche Risiken** gegenüber, die eine skeptische Perspektive auf die wirtschaftliche Tragfähigkeit des E-Sports erfordern.

Das prominenteste strukturelle Problem ist die Marktkonzentration und damit verbundene Abhängigkeitsstrukturen. Die Dominanz weniger Publisher (vorrangig *Tencent,* sowie *Microsoft* nach *Activision*-Übernahme) und Plattformen (*Twitch/ Amazon* mit hohem Marktanteil) schafft Abhängigkeiten und potenzielle Monopolrisiken. Diese Konzentration gefährdet Wettbewerb und Innovation. Ein besonders kritischer Faktor ist dabei die inhärente Publisher-Kontrolle. Die Abhängigkeit von Publisher-Entscheidungen schafft Planungsunsicherheit für Teams, Veranstalter und Investorinnen und Investoren. Wenn ein Publisher ein Spiel einstellt oder fundamental ändert, können Millionen-Investitionen wertlos werden.

Eng damit verwoben ist die Volatilität und mangelnde Geschäftsmodellstabilität. Spiele verlieren Popularität; Geschäftsmodelle sind noch nicht durchgehend profitabel (Ahmed, 2025). Die Branche steht vor massiven Stellenstreichungen: Im Oktober 2025 entließ *ESL FACEIT Group* 80–90 Mitarbeitende (dritte Welle seit 2022; Fudge, 2025; Stewart, 2025); kombiniert mit *Freaks 4 U Gaming* Insolvenz und stagnierenden Sponsoren durch Rezession wie zur Zeit des „E-Sport-Winters" ab 2023 unterstreicht dies die anhaltende Instabilität trotz Wachstum (GamesWirtschaft, 2025; Maas, 2024).

Die Schließung der *Overwatch League* 2023 zeigte die Fragilität selbst großer Investitionen (Carpenter, 2023). *FaZe Clan's* Börsengang 2022 und anschließender Wertverlust illustriert Marktrisiken. Investorinnen und Investoren müssen derlei erhebliche Unsicherheiten einkalkulieren (Nordland, 2023).

Auf internationaler Ebene tritt zudem durch Staatsinvestitionen wie Saudi-Arabiens *Savvy Games Group* zunehmend Sportswashing in Verbindung mit E-Sport auf, was Debatten zu Menschenrechten und den Werten des E-Sports auslöst.

Jenseits der ökonomischen Dimension bietet E-Sport auch erhebliche **gesellschaftliche Chancen,** die auf den Aspekt sozialer Teilhabe und Chancengerechtigkeit hindeuten.

Eine zentrale gesellschaftliche Stärke von E-Sport liegt in seinem (theoretischen) Inklusionspotenzial über körperliche Grenzen hinweg. E-Sport ermöglicht Teilhabe unabhängig von körperlichen Voraussetzungen und kann inklusiv gestaltet werden (Gensch, 2022). Menschen mit Behinderungen können auf gleichem Level mit nicht-behinderten Personen konkurrieren. E-Sport überwindet geografische und soziale Barrieren.

Parallel dazu trägt E-Sport-Partizipation zur Entwicklung von Digitalkompetenz und kognitiven Fähigkeiten bei. Aktive und passive E-Sport-Partizipation fördert Medienkompetenz, strategisches Denken und Teamfähigkeit (Tian & Hämäläinen, 2023). Weitere Fähigkeiten, die im E-Sport entwickelt werden – Problemlösung, schnelle Entscheidungsfindung, Zusammenarbeit – sind auch in anderen Lebensbereichen wertvoll.

Nicht zu unterschätzen ist schließlich die Rolle von E-Sport als Medium für internationale Verständigung. Globale online-Communities überschreiten nationale Grenzen und fördern interkulturellen Austausch. Teams sind oft multinational, Turniere weltweit vernetzt. E-Sport schafft so gemeinsame Erfahrungsräume über kulturelle Grenzen hinweg.

Die gesellschaftlichen Chancen müssen jedoch gegen gravierende **Risiken** abgewogen werden, die die Schattenseiten dieser Dynamiken offenlegen.

Das in der öffentlichen Debatte besonders präsente Risiko ist das Suchtpotenzial exzessiver Mediennutzung, denn exzessives Gaming kann zu Abhängigkeit führen. Die *WHO*-Anerkennung von „Gaming Disorder" als Krankheit unterstreicht die Problematik und öffnet gleichsam Behandlungsmöglichkeiten. Präventions- und Hilfsangebote sind essenziell. E-Sport-Organisationen müssen entsprechend Verantwortung übernehmen und mithilfe von geschultem Personal verantwortungsvollen, gesunden Medienumgang fördern.

Ein weiteres zentrales gesellschaftliches Problem ist die Persistenz toxischer Kulturen in digitalen Gemeinschaften. Hate Speech bzw. Hassrede, Sexismus und Extremismus in Online-Communities erfordern aktive Moderation und Community-Management. Die Anonymität des Internets begünstigt problematisches Verhalten. Ohne konsequente Intervention können toxische Kulturen entstehen, die Teilhabe verhindern.

Das strukturell tiefgreifendste Risiko ist die Reproduktion und potenzielle Verschärfung sozialer Ungleichheit. Der „digital divide" kann durch E-Sport verschärft werden, wenn Zugänge zu Hardware und technischer Infrastruktur ungleich verteilt sind (PwC & ESBD, 2025, S. 12). So existieren etwa in Afrika, ländlichen Gebieten Lateinamerikas und in Konfliktregionen des Nahen Ostens Barrieren, da dort Hardwarekosten und instabile Internetverbindungen die Wettbewerbsfähigkeit international beeinträchtigt (Khisa, 2024; Mureithi, 2024; Perkins & Will, 2023). Ohne bewusste Inklusionsstrategien bleibt E-Sport ein Privileg. Zusätzlich drohen zunehmende Engagements im Stil von Saudi-Arabien neben reputativen Risiken auf Seiten der betroffenen Akteur*innen die Kernwerte des E-Sports wie Inklusion, Community-getriebene Leistungsprinzipien und rein leistungsbasierte Erfolge zu verwässern, indem geopolitische Interessen und hohe Staatsgelder nationale Teams und Events dominieren und die globale Fairness infrage stellen.

Fazit

Die E-Sport-Branche steht an einem Wendepunkt. Nach Jahren explosiven Wachstums tritt eine Phase der Konsolidierung und Professionalisierung ein. Nicht nachhaltige Geschäftsmodelle werden durch strukturierte, diversifizierte

Ansätze ersetzt. Die Anerkennung als gemeinnützige Tätigkeit in Deutschland könnte einen bundesweiten Paradigmenwechsel auslösen und damit Modellcharakter für andere Länder mit zögerlicher gesellschaftlicher und politischer Anerkennung haben und die Integration in bestehende Sportstrukturen beschleunigen.

Es folgt eine Auswahl an Schlüsselfaktoren für zukünftigen Erfolg.

- **Nachhaltige Monetarisierung:** Medienrechte müssen den Wert von Sponsoring erreichen. Zudem müssen neue Einnahmequellen (z. B. virtuelle Güter, Metaverse-Integration) etabliert werden. Die Abhängigkeit von einer dominierenden Einnahmequelle birgt Risiken – Diversifikation ist essenziell.
- **Regulierung und Governance:** Einheitliche Standards für Arbeitsrechte, Wettbewerbsintegrität und Jugendschutz sind erforderlich. Die Balance zwischen Publisher-Kontrolle und Community-Partizipation muss gefunden werden. Kollektivverträge, Mindeststandards und transparente Governance-Strukturen können Stabilität schaffen.
- **Inklusion:** Die Gewinnung unterrepräsentierter Gruppen (Frauen, ältere Spielerinnen und Spieler, diverse Communities) erweitert Märkte und stärkt gesellschaftliche Akzeptanz. Diversität ist nicht nur eine ethische Frage, sondern auch ein wirtschaftlicher Faktor – heterogene Communities sind größer und stabiler.
- **Technologische Entwicklung:** VR/AR, Cloud Gaming und KI werden neue Formate ermöglichen, deren wirtschaftliches Potenzial noch unerschlossen ist. Die Branche muss innovativ bleiben und neue Technologien integrieren, ohne Kernkompetenzen zu vernachlässigen.
- **Mainstream-Integration:** Die zunehmende Präsenz in traditionellen Medien, Bildungseinrichtungen und Sportverbänden legitimiert E-Sport gesellschaftlich und wirtschaftlich. Je breiter die Akzeptanz, desto stabiler die wirtschaftliche Basis.
- **Nachhaltigkeit:** Ohne Lösungen für Umweltauswirkungen und soziale Probleme riskiert die Branche Reputationsschäden und regulatorische Eingriffe. Proaktive Nachhaltigkeitsstrategien sind nicht nur verantwortlich, sondern auch wirtschaftlich klug.

Die nächsten Jahre werden entscheidend sein, ob E-Sport das prognostizierte Wachstum realisiert und sich als aufstrebender Bestandteil der globalen Unterhaltungs- und Sportlandschaft etabliert. Die Grundlagen sind gelegt; die Umsetzung erfordert strategisches Handeln aller Stakeholder – Publisher, Teams, Verbände, Politik und Community. E-Sport kann zeigen, dass digitale Phänomene nicht nur wirtschaftlich erfolgreich, sondern auch gesellschaftlich verantwortlich gestaltet werden können.

Was Sie aus diesem *essential* mitnehmen können

- **E-Sport ist ein bedeutender Wirtschaftsfaktor:** Mit einem globalen Marktvolumen von etwa 2 Mrd. US-Dollar (2024) und prognostizierten 7–10 Mrd. US-Dollar bis 2030/2033 hat sich E-Sport von einem Nischenphänomen zu einer professionellen Industrie entwickelt.
- **Die Akteure und Geschäftsmodelle sind vielfältig:** Von Publishern über professionelle Teams bis zu Streaming-Plattformen umfasst das Ökosystem verschiedene Stakeholder mit unterschiedlichen Einnahmestrukturen. Sponsoring dominiert aktuell, aber Medienrechte gewinnen zunehmend an Bedeutung.
- **Der Arbeitsmarkt ist von Ungleichheit geprägt:** Während Top-Spielerinnen und -Spieler Millionen verdienen, arbeiten viele in prekären Verhältnissen. Genderungleichheit und mangelnde soziale Absicherung sind zentrale Herausforderungen, die gelöst werden müssen.
- **Nachhaltigkeit und soziale Verantwortung erfordern Aufmerksamkeit:** Ressourcenverbrauch, E-Waste, Diversität, Jugendschutz und Arbeitsrechte sind Themen, die die Branche systematisch adressieren muss, um sich zu professionalisieren und in dem Zuge langfristig erfolgreich und gesellschaftlich akzeptiert zu sein.
- **Die Zukunft erfordert Balance:** Zwischen Publisher-Kontrolle und Community-Partizipation, zwischen Wachstum und Nachhaltigkeit, zwischen Innovation und sozialer Verantwortung – der Erfolg von E-Sport hängt davon ab, ob diese Spannungsfelder produktiv gestaltet werden können.

© Der/die Herausgeber bzw. der/die Autor(en), exklusiv lizenziert an
Springer Fachmedien Wiesbaden GmbH, ein Teil von Springer Nature 2026
J. Möglich, *E-Sport Business: Strategien, Modelle und Trends*, essentials,
https://doi.org/10.1007/978-3-658-51140-1

Literatur

Abraham, B. (2023). *Net Zero Snapshot 2023: Annual progress report on the gaming industry's net zero ambitions.* AfterClimate (Hrsg.), https://www.afterclimate.com.au/net-zero-snapshots/net-zero-snapshot-2023. Zugegriffen: 26. Oktober 2025.

Ahmed, W. (2025). *How do esports organisations make money?* Esports Insider (Hrsg.), https://esportsinsider.com/2024/03/how-do-esports-organisations-make-money. Zugegriffen: 26. Oktober 2025.

Alexander, R. (2025). *YouTube Gaming vs Twitch Viewership Statistics (2025).* Coop Board Games (Hrsg.), https://coopboardgames.com/statistics/youtube-gaming-vs-twitch-viewership-statistics/. Zugegriffen: 26. Oktober 2025.

Alienware & Team Liquid (o. J.). *Team Liquid's Alienware Training Facility.* https://awtf.us/. Zugegriffen: 26. Oktober 2025.

Almadani, H. (2023). *The rise and value of co-streaming in esports.* Esports Insider/ESI (Hrsg.), https://esportsinsider.com/2023/04/co-streaming-esports. Zugegriffen: 01. Februar 2026.

Artemis (2024). *The State of Sustainability in the Esports Industry.* Happy Eco News (Hrsg.), https://happyeconews.com/the-state-of-sustainability-in-the-esports-industry/. Zugegriffen: 26. Oktober 2025.

BBC Sport (2023). *Premier League agrees record £6.7bn domestic TV rights deal.* https://www.bbc.co.uk/sport/football/67619756. Zugegriffen: 26. Oktober 2025.

Behbehani, A. (2025). *Saudi Arabia Is Betting Big on Esports Development.* Gulf International Forum (Hrsg.), https://gulfif.org/saudi-arabia-is-betting-big-on-esports-development/. Zugegriffen: 01. Februar 2026.

Bojanić, J. (2025). *Esport in Deutschland 2025: Statistik, Fakten, Trends.* Esports Insider/ESI (Hrsg.), https://esportsinsider.com/de/esport-deutschland-statistik. Zugegriffen: 26. Oktober 2025.

Bose, R. (2018). *ESports: Business Models.* Mercercapital (Hrsg.), https://mercercapital. com. Zugegriffen: 26. Oktober 2025.

British Esports (2022). *British Esports Mission.* https://britishesports.org/about-us/our-mission/. Zugegriffen: 26. Oktober 2025.

Bundesministerium für Forschung, Technologie und Raum (2025). *Weg frei für die Gemeinnützigkeit des E-Sports.* LinkedIn, https://www.linkedin.com/posts/bundesministerium-fuer-forschung-technologie-und-raumfahrt_weg-frei-f%C3%BCr-die-gemeinn%C3%BCtzigkeit-des-e-sport-activity-7371478908262596611-zBe8/?originalSubdomain=de. Zugegriffen: 26. Oktober 2025.

Carpenter, N. (2023). *Why the Overwatch League is over.* Polygon (Hrsg.), https://www.polygon.com/2023/11/10/23955679/overwatch-league-shut-down-activision-blizzard-esports/. Zugegriffen: 26. Oktober 2025.

Clark, M. (2021). *Steam bans all games with NFTs or cryptocurrency.* The Verge (Hrsg.). https://www.theverge.com/2021/10/15/22728425/valve-steam-blockchain-nft-cryptocurrency-ban-games-age-of-rust. Zugegriffen: 26. Oktober 2025.

Cloud9 (2020). *Cloud9 announces Training Grounds program.* https://cloud9.gg/cloud9-announces-training-grounds-program/. Zugegriffen: 26. Oktober 2025.

Deloitte (2024). *Let's Play! 2024 – The European esports market.* https://www.deloitte.com/content/dam/assets-zone2/de/de/docs/industries/technology-media-telecommunications/2024/lets_play_esports_2024.pdf. Zugegriffen: 26. Oktober 2025.

Deutscher Olympischer Sportbund (2021). *Überarbeitete Position. Elektronische Sportartensimulationen, eGaming und „eSport".* https://cdn.dosb.de/user_upload/www.dosb.de/uber_uns/UEber_uns/eSport/DOSB_Sachstand_eSport_Oktober_2021.pdf.   Zugegriffen: 26. Oktober 2025.

DHL InMotion (o. J.). *DHL x EFG. Embracing the Future of Entertainment.* https://inmotion.dhl/en/esports. Zugegriffen: 26. Oktober 2025

Di Lanni, F., Fohrman, S., Schnapp, D., Aronson, E., Cohen, S., & Kim, H. (2021). *Esports media rights.* Sheppard, Mullin, Richter & Hampton LLP (Hrsg.), https://www.sheppard-mullin.com/media/publication/1962_Esports%20Media%20Rights%20Whitepaper%200921.pdf. Zugegriffen: 26. Oktober 2025.

Erzberger, T. (2016). *Esports' Michael Jordan: The global Faker phenomenon.* ESPN (Hrsg.),   https://www.espn.com/esports/story/_/id/17901618/global-phenomenon-sk-telecom-t1-faker-esports-michael-jordan. Zugegriffen: 26. Oktober 2025.

ESC (2024). *Most watched mobile eSports games worldwide in 2023, by peak viewers (in 1,000s)* [Graph]. In Statista, https://www.statista.com/statistics/1392798/mobile-esports-games-viewers/.

Esguerra, T. (2022). *League of Legends Worlds: How Faker continues to be the Michael Jordan of esports.* The Athletic (Hrsg.), https://theathletic.com/3760389/2022/11/04/league-of-legends-worlds-faker/. Zugegriffen: 26. Oktober 2025.

ESL FACEIT Group/EFG (2022). *ESL and FACEIT merge to create the world's leading competitive gaming platform.* https://eslfaceitgroup.com/blog/2022/01/esl-and-faceit-merge-to-create-the-worlds-leading-competitive-gaming-platform/. Zugegriffen: 26. Oktober 2025.

ESL FACEIT Group/EFG (o. J.). *Intel Extreme Masters.* https://www.intelextrememasters.com. Zugegriffen: 26. Oktober 2025.

ESL Gaming GmbH/ESL (2019). *IEM Cologne 2019 breaks attendance records.* https://eslf-aceitgroup.com/blog/2019/03/esl-and-intel-welcomed-174000-fans-at-worlds-most-attended-esports-event-and-most-watched-esl-csgo-tournament-ever/. Zugegriffen: 26. Oktober 2025.

ESL Gaming GmbH/ESL (2021). *ESL Gaming Announces New #GGFORALL Program and Launches $ 500,000 Prize Pool Women's Circuit for Counter-Strike: Global Offensive as First 2022 Initiative.* https://eslfaceitgroup.com/blog/2021/12/esl-gaming-announces-new-ggforall-program-and-launches-500000-prize-pool-womens-circuit-for-counter-strike-global-offensive-as-first-2022-initiative/. Zugegriffen: 25. Oktober 2025.

E-Sport-Bund Deutschland/ESBD (2025). *E-Sport-Report. Zahlen, Märkte du Potenziale in Deutschland. 2025.* https://esportbund.de/wp-content/uploads/2025/07/E-Sport-Report-2025.pdf. Zugegriffen: 25. Oktober 2025.

E-Sport-Bund Deutschland/ESBD (o. J.a). *Was ist E-Sport?* https://esportbund.de/themen/#e-sport. Zugegriffen: 26. Oktober 2025.

E-Sport-Bund Deutschland/ESBD (o. J.b). *Über den ESBD.* https://esportbund.de. Zugegriffen: 26. Oktober 2025.

Esports Charts (2022). *Worlds 2022 sets new League of Legends esports record with 5.1 Mio. concurrent viewers.* https://escharts.com/news/worlds-2022-record-lol-esports. Zugegriffen: 26. Oktober 2025.

Esports Earnings (o. J.a). *Team Liquid.* https://www.esportsearnings.com/teams/102-team-liquid. Zugegriffen: 26. Oktober 2025.

Esports Earnings (o. J.b). *Johan "N0tail" Sundstein – Dota 2 Player.* https://www.esportsearnings.com/players/3304-n0tail-johan-sundstein. Zugegriffen: 26. Oktober 2025.

Esports Earnings (o. J.c). *Tournament Rankings.* https://www.esportsearnings.com/tournaments. Zugegriffen: 26. Oktober 2025.

Esports Insider/ESI (2024). *Changing Seasons: Lessons from the Esports Winter.* https://esportsinsider.com/2024/08/changing-seasons-lessons-from-esports-winter. Zugegriffen: 01. Februar 2026.

Esports player foundation/epf (o. J.). *Länderförderung.* https://esportsplayerfoundation.org/talentfoerderung/laenderfoerderung/. Zugegriffen: 26. Oktober 2025.

Fletcher, A. (zitiert in Pontes, H.) (2024). *ESports & Metaverse: A New Era of Virtual Gaming Dominance.* AIXR (Hrsg.), https://aixr.org/insights/the-rise-and-future-of-esports-2/. Zugegriffen: 26. Oktober 2025.

Fragster Agency (2024). *Esports 2024 in Numbers: Key Stats and Industry Trends.* https://www.esports-agentur.net/esports-2024-in-numbers-key-stats-and-industry-trends/. Zugegriffen: 26. Oktober 2025.

Freitas, B. D. A., Contreras-Espinosa, R. S., & Correia, P. Á. P. (2020). Sponsoring esports to improve brand image. *Scientific Annals of Economics and Business*, 67(4), 495–515. https://doi.org/10.47743/saeb-2020-0030.

Fröhlich, P. (2025). *Phygital Sports League (PSL) mixt Vereins-Sport und E-Sport.* Games-Wirtschaft (Hrsg.), https://www.gameswirtschaft.de/sport/phygital-sports-league-psl-deutschland-launch-241125/. Zugegriffen: 01. Februar 2026.

Fudge, J. (2025). *Report: Fresh Round of Layoffs Hit ESL FACEIT Group.* The Esports Advocate (Hrsg.), https://esportsadvocate.net/2025/10/report-fresh-round-of-layoffs-hit-esl-faceit-group/. Zugegriffen: 01. Februar 2026.

Game – Verband der deutschen Games-Branche/game (2025). *Jahresreport der deutschen Games-Branche 2025.* https://www.game.de/wp-content/uploads/2025/08/Jahresreport-der-deutschen-Games-Branche-2025.pdf. Zugegriffen: 26. Oktober 2025.

GamesWirtschaft (2025). *Nodwin Gaming schreibt Freaks 4U Gaming ab.* https://www.gameswirtschaft.de/wirtschaft/nodwin-gaming-freaks-4u-gaming-insolvenzverfahren-281125/. Zugegriffen: 01. Februar 2026.

Gardner, M. (2021). *Freeletics partners with Fnatic to help esports gamers improve performance.* Business Wire. https://www.businesswire.com/news/home/20210630005044/en/Freeletics-Partners-with-Fnatic-to-Help-Esports-Gamers-Improve-Performance. Zugegriffen: 26. Oktober 2025.

Gensch, S. (2022*). E-Sport und Inklusion – Warum Gaming mehr als Zeitvertreib ist.* ZDF (Hrsg.),   https://www.zdfheute.de/ratgeber/gesundheit/inklusion-gaming-esport-barrierefrei-100.html. Zugegriffen: 26. Oktober 2025.

Grand View Research (2024a). *Esports Market (2025 – 2030).* https://www.grandviewresearch.com/industry-analysis/esports-market. Zugegriffen: 26. Oktober 2025.

Grand View Research (2024b). *Game Streaming Market (2025 – 2033).* https://www.grandviewresearch.com/industry-analysis/game-streaming-market-report. Zugegriffen: 26. Oktober 2025.

Guinness World Records (o. J.). *First esports event.* https://www.guinnessworldrecords.com/world-records/648331-first-esports-event. Zugegriffen: 26. Oktober 2025.

Heidenreich, H., Breitbarth, T., & Weimar, D. (2022). Esports associations and the pursuit of legitimacy. *Communication & Sport*, 10(4). https://doi.org/10.3389/fspor.2022.869151.

Ikigai Law (2020). *E-Sports player contracts: Common clauses and potential legal issues in India.*   https://www.ikigailaw.com/article/312/e-sports-player-contracts-common-clauses-and-potential-legal-issues-in-india. Zugegriffen: 26. Oktober 2025.

IMARC Group (2024). *Esports Market Size, Share, Trends and Forecast by Revenue Model, Platform, Games, and Region, 2025–2033.* https://www.imarcgroup.com/esports-market. Zugegriffen: 26. Oktober 2025.

International Esports Federation/IESF (2026). *World Esports AI Ethics Guidelines Research Report Released.* https://iesf.org/ai-ethics-guideline/. Zugegriffen: 01. Februar 2026.

ISCA (2023). *Opinion: More attention on Esports as a play – Germany is in the bottom third when it comes to Esports.* https://esports.isca.org/updates-detail/1108/opinion-more-attention-on-esports-as-a-play-germany-is-in-the-bottom-third-when-it-comes-to-esports. Zugegriffen: 26. Oktober 2025.

ISCA (2024). *Exploring the role of grassroots esports in modern society.* https://esports.isca.org/updates-detail/1284/exploring-the-role-of-grassroots-esports-in-modern-society-policy-recommendations-for-stakeholders. Zugegriffen: 26. Oktober 2025.

JDS upra (2024). *Top 10 legal considerations for esports players and teams.* https://www.jdsupra.com/legalnews/top-10-legal-considerations-for-esports-5051305/. Zugegriffen: 26. Oktober 2025.

Johnson, M. R., & Woodcock, J. (2021). Work, play, and precariousness: An overview of the labour ecosystem of esports. *Media, Culture & Society*, 43(8), 1357–1374. https://doi.org/10.1177/01634437211011555.

Jones, L. (2024). *Riot Games shakes up League of Legends franchise business model.* Esports Insider/ESI (Hrsg.). https://esportsinsider.com/2024/03/league-of-legends-esports-business-model. Zugegriffen: 26. Oktober 2025.

Joseph, S. (2021). *'Whatever our audience is vibing with': How Faze Clan develops brand partnerships.* Digiday (Hrsg.), https://digiday.com/marketing/whatever-our-audience-is-vibing-with-how-faze-clan-develops-brand-partnerships/. Zugegriffen: 26. Oktober 2025.

Kahn, I. (2017). *Riot releases details on NA LCS franchising with $ 10M flat-fee buy-in.* ESPN (Hrsg.), https://www.espn.com/esports/story/_/id/19511222/riot-releases-details-na-lcs-franchising-10m-flat-fee-buy-in. Zugegriffen: 26. Oktober 2025.

Kang, J., Hwang, Y., & Lee, S. (2025). Game over too soon: Early specialization and short careers in esports. *Frontiers in Sports and Active Living, 7.* https://doi.org/10.3389/fspor.2025.1504205.

Kari, T., & Karhulahti, V.-M. (2016). Do e-athletes move? A study on training and physical exercise in elite e-sports. *International Journal of Gaming and Computer-Mediated Simulations (IJGCMS), 8*(4), 53–66. https://doi.org/10.4018/IJGCMS.2016100104.

Khisa, B. (2024). *Is Africa the next frontier for esports and pro gaming?* BBC Sport, https://www.bbc.com/sport/articles/cgk7vmvydn3o. Zugegriffen: 26. Oktober 2025

Klimentov, M. (2025). *Saudi Arabia's great game.* The Washington Post (Hrsg.), https://www.washingtonpost.com/world/2025/12/19/saudi-arabia-video-games-esports-mbs/. Zugegriffen: 01. Februar 2026.

Knight, B. (2022). *The most valuable esports companies 2022.* Forbes (Hrsg.), https://www.forbes.com/sites/brettknight/2022/05/06/the-most-valuable-esports-companies-2022/. Zugegriffen: 26. Oktober 2025.

Koelnmesse. (2024). *Gamescom 2024 mit Rekorden bei Ausstellern und Reichweite.* https://www.koelnmesse.de/pressemitteilungen/pm_9000_2025_6_DE.xml. Zugegriffen: 26. Oktober 2025.

Leaguepedia (2022). *League of Legends World Championship.* https://lol.fandom.com. Zugegriffen: 26. Oktober 2025.

Lee, A. (2024). *After a wave of industry layoffs, careers in esports are looking less viable than ever.* Digiday (Hrsg.), https://digiday.com/marketing/after-a-wave-of-industry-layoffs-careers-in-esports-are-looking-less-viable-than-ever/. Zugegriffen: 26. Oktober 2025.

Leroux-Parra, M. (2020). *Esports, Part 1–4: What are esports?; The evolving rules of esports; League of Legends, the esport that's rivaling giants; Developer control.* Harvard International Review (Hrsg.), https://hir.harvard.edu/esports-part-1-what-are-esports/. Zugegriffen: 26. Oktober 2025.

Liquipedia (2025). *The International Dota 2 Championships.* https://liquipedia.net. Zugegriffen: 26. Oktober 2025.

Lorenz, T., & Browning, K. (2020). *Dozens of women in gaming speak out about sexism and harassment.* The New York Times (Hrsg.), https://www.nytimes.com/2020/06/23/style/women-gaming-streaming-harassment-sexism-twitch.html. Zugegriffen: 26. Oktober 2025.

Ludwig, S., Papenbrock, J., Lachmann, K.& Meyer, T. (2022). *Investing in esports. Success checklist for non-endemic brands entering the video gaming and esports sector.* Deloitte (Hrsg.), https://www.deloitte.com/us/en/insights/industry/sports/non-endemic-brands-esports.html. Zugegriffen: 26. Oktober 2025.

Maas, L. (2024). *What is the esports winter — and how to navigate the cold?* Esports Insider/ ESI (Hrsg.), https://esportsinsider.com/2023/11/what-is-esports-winter. Zugegriffen: 01. Februar 2026.

Manci, E., Pietrantonio, L., & Robazza, C. (2024). It's about timing: how density can benefit future research on the influence of acute physical exercise on esports performance. *BMJ Open Sport & Exercise Medicine,* 10(4), e002243. https://doi.org/10.1136/ bmjsem-2024-002243.

McLeod, C. M., Xue, H. & Newman, J. I. (2022): Opportunity and inequality in the emerging esports labor market. *International Review for the Sociology of Sport,* 57(8), S. 1279–1300.

Mureithi, C. (2024). *Esports are booming in Africa – but can its infrastructure keep pace?* The Guardian (Hrsg.), https://www.theguardian.com/sport/2024/dec/20/esports-are-booming-in-africa-but-can-its-infrastructure-keep-pace. Zugegriffen: 26. Oktober 2025.

NEOM (2019). *NEOM, SAFEIS Partnering to Establish a Major Global Capital for Esports Community.* https://www.neom.com/en-us/newsroom/neom%2D%2Dsafeis-partnering. Zugegriffen: 01. Februar 2026.

Newzoo (2022). *Global Esports & Live Streaming Market Report 2022.* https://newzoo.com/ resources/trend-reports/newzoo-global-esports-live-streaming-market-report-2022-free-version. Zugegriffen: 26. Oktober 2025.

Nordland, J. (2023). *FaZe Clan to go public after SPAC merger vote approved.* Esports Insider (Hrsg.), https://esportsinsider.com/2022/07/faze-clan-spac-merger-complete-public-listing. Zugegriffen: 26. Oktober 2025.

Perez, M. (2020). *Report: YouTube dropped $ 160 Mio. to steal Activision Blizzard's esports from Twitch.* Forbes (Hrsg.), https://www.forbes.com/sites/mattperez/2020/02/13/report-youtube-dropped-160-million-to-steal-activision-blizzards-esports-from-twitch/. Zugegriffen: 26. Oktober 2025.

Perkins & Will (2023). *Press Start: Esports as a bridge to underserved communities.* Athletic Business (Hrsg.), https://www.athleticbusiness.com/sponsored/perkinsandwill/press-start-esports-as-a-bridge-to-underserved-communities/64b6f0f31cde990001b66261. Zugegriffen: 26. Oktober 2025.

Pontes, H. (2024). *ESports & Metaverse: A New Era of Virtual Gaming Dominance.* AIXR (Hrsg.), https://aixr.org/insights/the-rise-and-future-of-esports-2/. Zugegriffen: 26. Oktober 2025.

Post aus LA (2019). *FaZe Clan: Ein Gamer-Netzwerk auf dem Weg zum Milliarden-Unternehmen?* Online Marketing Rockstars (Hrsg.), https://omr.com/de/daily/faze-clan#taylor-kannst-du-uns-mal-kurz-erklaren-was-%22faze-clan%22-ist. Zugegriffen: 26. Oktober 2025.

Precedence Research (2025). *Esports Market Size to Hit Around USD 48.09 Billion By 2034.* https://www.precedenceresearch.com/esports-market. Zugegriffen: 26. Oktober 2025.

PricewaterhouseCoopers/PwC (2025a). *German Entertainment & Media Outlook 2025–2029.* https://www.pwc.de/de/technologie-medien-und-telekommunikation/ german-entertainment-and-media-outlook.html. Zugegriffen: 26. Oktober 2025.

PricewaterhouseCoopers/PwC (2025b). *Umsatz mit eSports in Deutschland von 2013 bis 2024 und Prognose bis 2029 (in Millionen Euro)* [Graph]. In Statista, https://de.statista. com/statistik/daten/studie/737326/umfrage/prognose-zum-umsatz-im-esports-markt-in-deutschland/. Zugegriffen: 26. Oktober 2025.

Rahm, V. (2025). *Gemeinnützigkeit für E-Sport-Vereine ab 2026.* PKF Deutschland, https://www.pkf.de/artikel/gemeinnuetzigkeit-fuer-e-sport-vereine-ab-2026. Zugegriffen: 29. November 2025.

Reframed (2024). *Gaming's hidden e-waste crisis: How your consoles impact the environment.* https://reframed.co/gamings-hidden-e-waste-crisis-how-your-consoles-impact-the-environment/. Zugegriffen: 26. Oktober 2025.

Riot Games (2017). *Evolution of the NA LCS. https://*nexus.leagueoflegends.com/en-us/2017/01/evolution-of-the-na-lcs-2/. Zugegriffen: 26. Oktober 2025.

Ross, W. J., & Fisackerly, W. (2023). Do We Need Esports Ecology? Comparisons of Environmental Impacts Between Traditional Sport and Esports. *Journal of Electronic Gaming and Esports*, 1(1), jege.2022–0030. https://doi.org/10.1123/jege.2022-0030.

Ryu, Y., Jeong, J., Jang, W., Lee, G., & Pyun, H. (2024). Determinants of online live esports viewership with advanced data: The case of League of Legends Champions Korea. *Communication & Sport.* https://doi.org/10.1177/21674795241277051.

Saudipedia (2025). *Esports World Cup.* https://saudipedia.com/en/esports-world-cup. Zugegriffen: 01. Februar 2026.

Sayal, T. (2025). *Honor of Kings breaks Guinness World Record for largest esports attendance.* The Esports Radar (Hrsg.), https://esportsradar.gg/honor-of-kings-breaks-guinness-world-record-for-largest-esports-attendance/. Zugegriffen: 20. November 2025.

Scholz, T. M., & Nothelfer, N. (2022). *Esports – Background analysis: A study prepared for the European Parliament's CULT Committee.* European Parliament, Directorate General for Internal Policies, Policy Department for Structural and Cohesion Policies (Hrsg.), https://www.europarl.europa.eu/cmsdata/248295/PE699_635_Esports_Background%20Analysis_study.pdf. Zugegriffen: 26. Oktober 2025.

Schudey, A., Kasperovich, P., Ikram, A., Panhans, D. & Matviets, L. (2023*). Let the Game Begin: How Esports Is Shaping the Future of Live Entertainment.* Boston Consulting Group (Hrsg.), https://www.bcg.com/publications/2023/how-esports-will-become-future-of-entertainment. Zugegriffen: 26. Oktober 2025.

Shmatenko, L. (2025). *A new addition to our player toolkit.* Esports Legal News (Hrsg.), https://esportslegal.news/2025/10/21/professional-esports-player-contract/. Zugegriffen: 26. Oktober 2025.

Šimić, I. (2024). *League of Legends Worlds 2024 becomes most-viewed esports event ever.* Esports Insider (Hrsg.), https://esportsinsider.com/2024/11/league-of-legends-worlds-2024-viewership.

Soffner, M., Tholl, C., Krampe, L., Grieben, C., & Froböse, I. (2023). *ESport Studie 2023: (In)aktiver Lebensstil im E-Sport – Wie viel bewegen sich Gamer*innen wirklich? Ergebnisbericht.* Institut für Bewegungstherapie und bewegungsorientierte Prävention und Rehabilitation, Deutsche Sporthochschule Köln (Hrsg.), https://www.esportwissen.de/wp-content/uploads/2024/05/eSport-Studie-2023-2-Ergebnisbericht.pdf. Zugegriffen: 26. Oktober 2025.

Statista (2024). *Esports: Market data & analysis. Market Insights report.* https://www.statista.com/study/125093/esports-market-report/?srsltid=AfmBOopWv3z6Hwg4y8-tki6SJgdk8kjnD2kyMu9yHZJJ6tX2SKQtR-r-. Zugegriffen: 01. Februar 2026.

Statista (2025). *Games Live Streaming – Worldwide.* https://www.statista.com/outlook/amo/media/games/games-live-streaming/worldwide. Zugegriffen: 26. Oktober 2025.

Stewart, J. (2025). *ESL FACEIT Group undergo layoffs of 80–90 staff.* Esports News UK (Hrsg.), https://esports-news.co.uk/2025/10/15/esl-faceit-group-efg-2025-layoffs/. Zugegriffen: 01. Februar 2026.

StreamYard (2025). *How much money do Twitch streamers make in 2025?* https://streamyard.com/blog/how-much-do-twitch-streamers-make. Zugegriffen: 26. Oktober 2025.

Tang, D., Peng, B., Ma, R. & Sum. R. K. (2025). Dispelling stigma and enduring bias: exploring the perception of esports participation among young women. *Humanit Soc Sci Commun*, 12, 144. https://doi.org/10.1057/s41599-025-04392-z.

Team Liquid (o. J.a). *About Team Liquid.* https://teamliquid.com/about. Zugegriffen: 26. Oktober 2025.

Team Liquid (o. J.b). *Meet Our Global Partners.* https://teamliquid.com/partners. Zugegriffen: 26. Oktober 2025.

Tencent Holdings Limited. (2022). *Tencent announces 2021 fourth quarter and annual results.* https://static.www.tencent.com/uploads/2022/03/23/d5231df5649e-f4a97990d3ac1c20bb69.pdf. Zugegriffen: 26. Oktober 2025.

The 19th Asian Games Hangzhou 2022 Organizing Committee (2022). *Esports at Asian Games.* https://www.hangzhou2022.cn/En/competitions/sports/competitive/202204/t20220410_47302.shtml. Zugegriffen: 26. Oktober, 2025.

The Carbon Trust (2021). *Carbon impact of video streaming.* https://www.carbontrust.com/sites/default/files/documents/resource/public/Carbon-impact-of-video-streaming.pdf. Zugegriffen: 26. Oktober 2025.

Tian, X., & Hämäläinen, R. (2023). The impact of esports participation on the development of 21st century skills: A systematic review. *Computers in Human Behavior,* 139, 107531. https://doi.org/10.1016/j.chb.2022.107531.

Wccftech (2022). *Anzahl der eSports-Zuschauer weltweit in den Jahren 2019 bis 2021 und Prognose für 2022 und 2025 (in Millionen)* [Graph]. In Statista, https://de.statista.com/statistik/daten/studie/586871/umfrage/prognose-zur-anzahl-der-esports-zuschauer-weltweit/. Zugegriffen: 26. Oktober 2025.

Wolf, J. (2019a). *Call of Duty franchise spots to sell at $ 25 Mio. per team.* ESPN (Hrsg.), https://www.espn.com/esports/story/_/id/26249076/call-duty-franchise-spots-sell-25-million-per-team. Zugegriffen: 26. Oktober 2025.

Wolf, J. (2019b). *Echo Fox LCS slot sale funds of $ 30.5 Mio. to be distributed by court.* ESPN (Hrsg.), https://www.espn.ph/esports/story/_/id/27822082/echo-fox-lcs-slot-sale-funds-305-million-distributed-court. Zugegriffen: 26. Oktober 2025.

Wolf, J. (2020). *LEC ends NEOM partnership following staff outrage.* ESPN (Hrsg.), https://www.espn.com/esports/story/_/id/29558777/lec-ends-neom-partnership-following-staff-outrage. Zugegriffen: 01. Februar 2026.

YouGov (2024). *Eco-friendly gaming: Sustainable gaming gets a boost with consumers open to paying more.* https://business.yougov.com/content/49150-eco-friendly-gaming-sustainable-gaming-gets-a-boost-with-consumers-open-to-paying-more. Zugegriffen: 26. Oktober 2025.

YouGovPLC (2020). *International esports study 2020.* https://commercial.yougov.com/rs/464-VHH-988/images/Global-Gaming-and-Esports-2020.pdf. Zugegriffen: 26. Oktober 2025.

Zhao, Y., Meng-Lewis, M., Ni, B., Lewis, G. & Lin, Z. (2024). The Continuity of eSports Athletes' Careers: Skill Transformation, Personal Development, and Well-Being. *SAGE Open*, 14(2), 1–13. https://doi.org/https://doi.org/10.1177/21582440241249263.

Weiterführende Literatur[1]

Grundlagenwerke

Breuer, M., & Görlich, D. (2022). *E-Sport: Status quo und Entwicklungspotenziale* (2. Aufl.). Springer Gabler. – Umfassendes Lehrbuch zu E-Sport allgemein.
Scholz, T. M. (2019). *ESports is business: Management in the world of competitive gaming.* Springer Nature. – Umfassendes Lehrbuch zu Management-Aspekten im E-Sport.

Marktanalysen und Reports

E-Sport-Bund Deutschland/ESBD (2025 gestartet; Turnus unbekannt). *E-Sport-Report.* – Marktanalysen mit detaillierten Kennzahlen.

Wissenschaftliche Perspektiven

Heidenreich, H., Breitbarth, T., & Weimar, D. (2022). Esports associations and the pursuit of legitimacy. *Communication & Sport*, 10(4). https://doi.org/10.3389/fspor.2022.869151. – Analyse von E-Sport-Verbänden und Legitimierungsstrategien.
Johnson, M. R., & Woodcock, J. (2021). Work, play, and precariousness: An overview of the labour ecosystem of esports. *Media, Culture & Society*, 43(8), 1357–1374. https://doi.org/10.1177/01634437211011555. – Arbeitsbedingungen im E-Sport.
McLeod, C. M., Xue, H. & Newman, J. I. (2022): Opportunity and inequality in the emerging esports labor market. *International Review for the Sociology of Sport*, 57(8), S. 1279–1300. – Kritische Analyse des Arbeitsmarktes.

---

[1] Für Leserinnen und Leser, die sich vertieft mit E-Sport-Ökonomie auseinandersetzen möchten, empfehlen sich folgende Werke zu verschiedenen Perspektiven – von wirtschaftswissenschaftlich über soziologisch bis rechtlich – und ermöglichen eine fundierte Auseinandersetzung mit E-Sport.

Rechtliche Aspekte

Holden, J. T., Kaburakis, A., & Rodenberg, R. (2017). The future is now: Esports policy considerations and potential litigation. *Journal of Legal Aspects of Sport,* 27(1), S. 46–78.

Online-Ressourcen

E-Sport-Bund Deutschland/ESBD: https://esportbund.de – Aktuelle Entwicklungen in Deutschland
Esports Insider: https://esportsinsider.com/ – Branchennachrichten und Analysen
Game – Verband der deutschen Games-Branche/game: https://www.game.de/ – Marktzahlen aus Deutschland
International Esports Federation/IESF: https://iesf.org – Globale Perspektive